POLYGLOTT

SEYCHELLEN

ON TOUR

DER AUTOR

DR. THOMAS J. KINNE

kennt die Seychellen von zahlreichen privaten Aufenthalten und Verwandtenbesuchen. Auch beruflich beschäftigt er sich intensiv mit den Tropeninseln, seit er von 1995 bis 2001 für das Fremdenverkehrsamt der Seychellen arbeitete. Er entwickelt u. a. Schulungen rund um das Thema »Seychellen«. Daneben übersetzt er Bücher und Fernsehbeiträge.

Unser E-Book-Code zur elektronischen Erweiterung des POLYGLOTT on tour. Das kostenlose E-Book enthält die im Reiseführer aufgeführten Adressen entlang der Touren, beispielsweise zu Essen und Trinken, Shoppen, Aktivitäten und Hotel-Tipps. Links auf einen externen Kartendienst vereinfachen das Auffinden dieser Adressen.

WWW.POLYGLOTT.DE

6 TYPISCH

8 Die Seychellen sind eine Reise wert!
11 Was steckt dahinter?
12 50 Dinge, die Sie ...
159 Meine Entdeckungen
160 Checkliste Seychellen

20 REISEPLANUNG & ADRESSEN

22 Die Reiseregion im Überblick
24 Klima & Reisezeit
25 Anreise
26 Reisen im Land
30 Sport & Aktivitäten
42 Unterkunft
149 Infos von A–Z
155 Register & Impressum

44 LAND & LEUTE

46 Steckbrief
48 Geschichte im Überblick
49 Natur & Umwelt
56 Die Menschen
58 Kunst & Kultur
61 Feste & Veranstaltungen
62 Essen & Trinken
158 Mini-Dolmetscher

SEITENBLICK

31 Die Seychellen persönlich
38 Schiffstouren
64 Kreolische Küche
82 Hochzeitsreisen
112 Die Seychellennusspalme
135 Schildkröten
148 Aldabra

ERSTKLASSIG

33 Die besten Badestrände
35 Schnorcheln & Tauchen
42 Schöne kleine Hotels
53 Flora & Fauna
59 Bedeutende Künstler
63 Kreolische Restaurants
90 Tolle Ausblicke

ALLGEMEINE KARTEN

4 Übersichtskarte der Kapitel
46 Die Lage der Seychellen

REGIONEN-KARTEN

73 Mahé
104 Praslin
122 La Digue
130 Silhouette
133 Frégate

STADTPLÄNE

79 Victoria

SYMBOLE ALLGEMEIN

Erstklassig: Besondere Tipps der Autoren

Seitenblick: Spannende Anekdoten zum Reiseziel

12 Top-Highlights und

Highlights der Destination

66 TOUREN & SEHENSWERTES

68 MAHÉ
70 Tour ❶ Rundfahrt durch den Norden
71 Tour ❷ Rundfahrt durch den Süden
74 Tour ❸ Wanderung zur Anse Major
74 Tour ❹ Bergwanderung zu den Trois Frères
75 Tour ❺ Wanderung zur Copolia
76 Tour ❻ Wanderung zur Montagne Brûlée
77 Unterwegs auf Mahé

100 PRASLIN
102 Tour ❼ Fahrt über die Insel
102 Tour ❽ Salazie Track und Pasquière Track
106 Tour ❾ Wanderung durch die Vallée de Mai
107 Tour ❿ Wanderung von der Anse Lazio zur Anse Georgette
108 Unterwegs auf Praslin

119 LA DIGUE
120 Tour ⓫ Wanderung um die Südspitze
121 Tour ⓬ Bergtour zum Nid d'Aigle
123 Unterwegs auf La Digue

128 HOTELINSELN
130 Hotelinseln der Inner Islands
Silhouette, Frégate, North, Bird, Denis
139 Hotelinseln der Outer Islands
Desroches, Alphonse

141 EXTRA-TOUREN
142 Tour ⓭ Drei Inseln in zwei Wochen
145 Tour ⓮ Wandern und Baden auf Mahé und Praslin
146 Tour ⓯ Große Kreuzfahrt zu den Äußeren Inseln

TOUR-SYMBOLE

- ❶ Die POLYGLOTT-Touren
- 6 Stationen einer Tour
- A1 Die Koordinate verweist auf die Platzierung in der Faltkarte
- a1 Platzierung Rückseite Faltkarte

PREIS-SYMBOLE

	Hotel DZ	Restaurant
€	bis 100 EUR	bis 15 EUR
€€	100 bis 200 EUR	15 bis 30 EUR
€€€	über 200 EUR	über 30 EUR

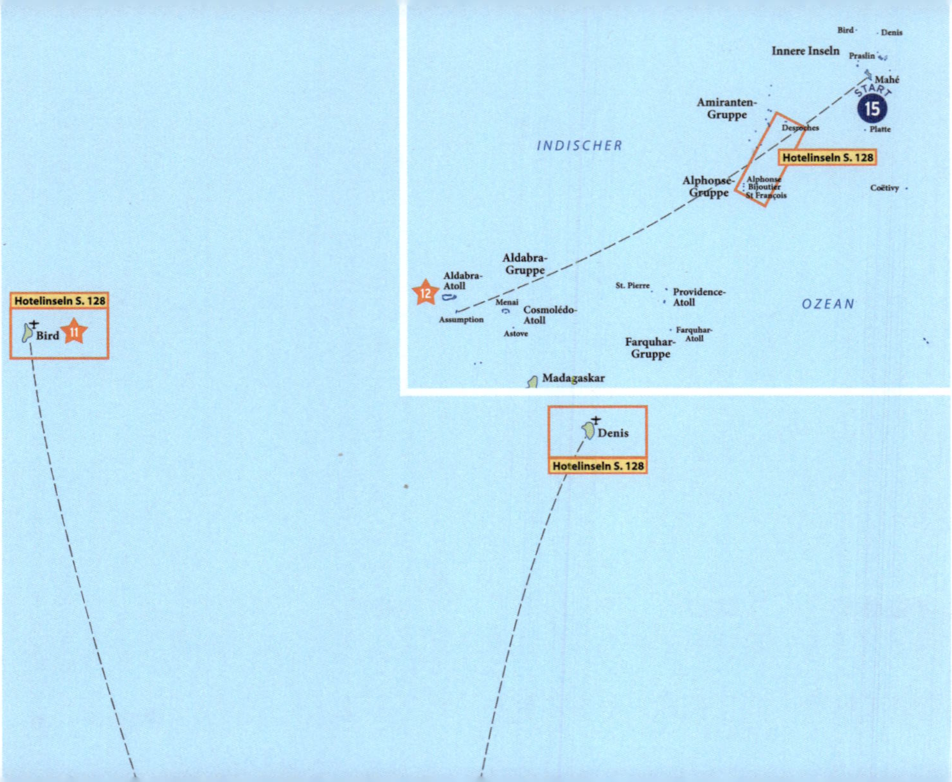

Perfekte Planung > Parallel vordere Klappe aufschlagen

TOP-12-HIGHLIGHTS

1. SIR SELWYN SELWYN CLARKE MARKET, VICTORIA, MAHÉ > S. 78
2. NATIONAL BOTANICAL GARDENS, VICTORIA, MAHÉ > S. 81
3. SANS SOUCI ROAD, MAHÉ > S. 90
4. JARDIN DU ROI, MAHÉ > S. 98
5. ANSE LAZIO, PRASLIN > S. 108
6. CURIEUSE MARINE NATIONAL PARK > S. 110
7. VALLÉE DE MAI, PRASLIN > S. 113
8. BLACK PEARL OCEAN FARM, PRASLIN > S. 115
9. ANSE SOURCE D'ARGENT, LA DIGUE > S. 126
10. NORTH > S. 134
11. BIRD > S. 137
12. ALDABRA-ATOLL > S. 148

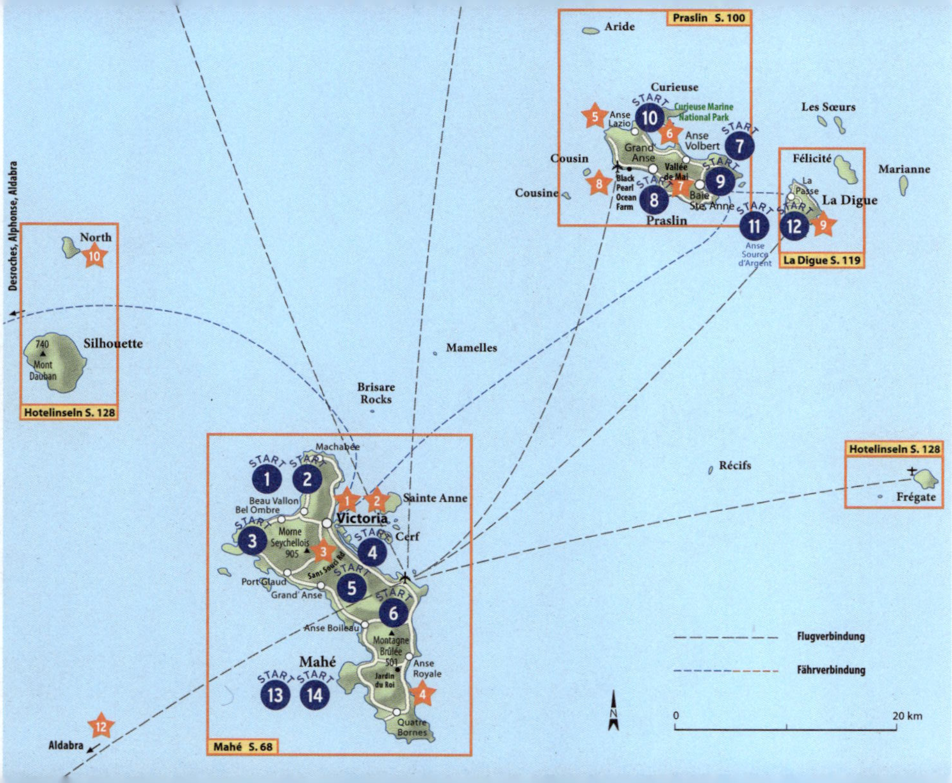

ZEICHENERKLÄRUNG DER KARTEN

- beschriebene Region (Seite=Kapitelanfang)
- 10 E h Sehenswürdigkeiten
- 4 Tourenvorschlag
- Autobahn
- Schnellstraße
- Hauptstraße
- sonstige Straßen
- Fußgängerzone
- Eisenbahn
- Staatsgrenze
- Landesgrenze
- Nationalparkgrenze

Üppiges Grün, hohe Palmen und schneeweiße Strände vor tiefblauem Meer – ein Traum

TYPISCH

DIE SEYCHELLEN SIND EINE REISE WERT!

Einen Satz wird man – selbst von Vielgereisten – auf den Seychellen selten hören: »Das sieht ja genau aus wie ...« Wer versucht, die Seychellen zu vergleichen, stößt bald an Grenzen: Was man hier sieht, kann man nur hier sehen. Allein deshalb sind die Seychellen eine Reise wert.

DR. THOMAS J. KINNE
kennt die Seychellen von zahlreichen privaten Aufenthalten. Auch beruflich beschäftigt er sich intensiv mit den Inseln, seit er von 1995 bis 2001 für das Fremdenverkehrsamt der Seychellen arbeitete. Er entwickelt u. a. Schulungen rund um das Thema »Seychellen« für Reisebüros.

Wenn ich die Seychellen heute besuche, dann komme ich nicht nur als Tourist, sondern besuche auch Familie dort. Ein Teil meiner Familie stammt von den Seychellen und lebt inzwischen in Europa und anderen Orten der Welt, ein Teil lebt weiterhin auf den Seychellen.

Ich genieße also einen Einblick in das Alltagsleben der Einheimischen. Doch das ist keineswegs etwas Ungewöhnliches, Exklusives - ganz im Gegenteil: Man müsste sich schon sehr bewusst in seiner Hotelanlage abschotten, um nichts vom »wahren Leben« auf den Seychellen mitzubekommen - und das wäre in vielerlei Hinsicht schade.

Wer auf den Hauptinseln unterwegs ist, fährt durch die Dörfer, in denen die Seycheller wohnen, arbeiten und einkaufen. Und auch die Hotelangestellten, denen man tagsüber begegnet, ziehen sich nach Feierabend nicht etwa in Hütten zurück, die vor den Augen der Touristen sorgfältig abgeschirmt sind: Die Straßen, die Supermärkte, die Strände teilen sich Besucher mit Einheimischen. Morgens sehen Sie am Strand die Fischer bei der Arbeit, abends spielende Kinder, am Wochenende Familien beim Picknick. Kontakt ist durchaus erwünscht, auch wenn sich die Seycheller ihren Gästen nicht aufdrängen. Fragen Sie die Einheimischen ruhig, wie die leckere Frucht heißt, die sie gerade genüsslich verspeisen, oder wie man eine Kokosnuss fachgerecht aufschlägt. Man wird sich über Ihr Interesse freuen.

Es gibt aber noch eine weitere Besonderheit der Seychellen, die viele Besucher zumindest in dieser Form nicht erwarten: Wer mit offenen Augen reist, erkennt rasch schon am Straßenbild, dass das Land einen der höchsten

Lebensstandards in Afrika und im Indischen Ozean hat. Die Straßen sind tadellos sauber, die Geschäfte aufgeräumt, die Anlagen gepflegt – fast schon einen Hauch zu sehr für diejenigen Besucher, die Urtümlicheres erwarten. Vor allem die junge Generation kommt in der Welt herum und kleidet sich nach der neuesten Mode. Schicke Sportwagen (die man auf den Inseln kaum »ausfahren« kann), Fernsehgeräte mit großen Flachbildschirmen, Mobiltelefone der neuesten Generation – das alles gehört auch hier längst zum Alltag.

Kurzum: Das Land ist hochmodern und wirkt zudem ausgesprochen europäisch. Das ist keineswegs so paradox, wie es scheint, wenn man Europa kulturell und nicht rein geografisch begreift. Die urtümliche Landschaft und die ethnische Vielfalt sorgen zwar für die Exotik, die der Tourist in diesen Regionen sucht, und das Tropenklima ist auch garantiert, aber ansonsten fühlt man sich als Europäer im Nu zu Hause. Schließlich gibt es hier auch keine Urbevölkerung, sondern nur Einwanderer. Sie kamen mehrheitlich aus Europa, und das erst in den letzten 200 Jahren. Insofern sind die Seychellen ein junges Land, das genau so ist wie seine Sprache: Wenn man genau hinhört, erkennt man in jedem kreolischen Wort den (meist französischen) Ursprung, und dennoch haben beide – Land und Sprache – inzwischen eine eigenständige seychellische Identität: von nichts zu viel, aber von allem etwas. Ich bin geneigt zu sagen: von allem das Beste – *savoir vivre* von den Franzosen, *law and order* von den Briten, Currys und Chutneys aus Asien, Tänze und Trommeln aus Afrika.

Der Blick auf Victoria (Mahé) und Eden Island ist fast schon zu idyllisch

Auf La Digue fährt man Rad ... auch beim Transport schwerer Lasten

Tatsächlich verbinde ich mit den Seychellen immer einen eigentümlichen Mix von Sinneseindrücken. Sobald man den ersten Schock von schwüler Hitze verarbeitet hat, der sich unweigerlich beim Öffnen der Flugzeugtür und beim Betreten des Rollfelds einstellt, atmet man eine ungewohnt frische Luft, die der Wind entweder von den Bergen oder vom Meer herbeiweht, und je nach Windrichtung nimmt man Beimischungen von Salz oder Fisch oder Zimt oder Orchideen wahr. Kommt man an Wohnhäusern vorbei, duftet es meist verlockend nach herzhaften Speisen und kräftigen Gewürzen. Und wenn man sich von Straßen und Siedlungen entfernt, dann mischen sich zu den Düften und Geschmäcken noch die unvertrauten, vernehmlichen Laute von Tropenvögeln oder Schildkröten. Vor allem aber kommt das Auge niemals zur Ruhe, das überwältigt wird von Farben, so satt und pur, dass keine Palette auszureichen scheint. Der Körper mag sich auf den Seychellen bestens erholen – die Sinnesorgane hingegen werden keine Ruhepause finden. Man sollte ihnen die Freiheit gönnen und alles in sich aufnehmen, was man kann, um bleibende Eindrücke zu schaffen. Das ist für mich der wahre Wert einer Seychellenreise.

Ich kenne viele sehr attraktive Urlaubsziele, Orte, die sicherlich eine Reise wert sind. Aber bei aller Liebe zu anderen Reisezielen: Ich kenne keine zweiten Seychellen ...

WAS STECKT DAHINTER?

Die kleinen Geheimnisse sind oftmals die spannendsten. Hier werden die Geschichten hinter den Kulissen erzählt.

WARUM HEISST DIE INSEL SILHOUETTE WIE DER SCHATTENRISS?

Beide haben den gleichen Namenspatron: Étienne de Silhouette (1709 bis 1767), hoher Finanzbeamter unter Ludwig XV. Als die Franzosen die Insel 1771 in Besitz nahmen, nannten sie sie ihm zu Ehren »La Silhouette«. Und die Schattenrisse? Das war eher spöttisch gemeint: Angeblich war de Silhouette so geizig, dass er Schattenrisse statt Gemälden in seinem Schloss aufhängte.

WELCHES VORBILD HAT »LORLOZ«?

Wenn man den Uhrturm (kreolisch *lorloz*) am Ende der Independence Avenue von Victoria sieht, fühlt man sich an den Elizabeth Tower erinnert, in dem die berühmte Glocke »Big Ben« hängt. Tatsächlich ist der Uhrturm aber eine Kopie des kleineren, schwarzen Vauxhall Clock Tower (1892) in der Nähe der Londoner Victoria Station. Nach dem Tod Königin Viktorias bestellte der damalige Gouverneur der Seychellen bei der gleichen Werkstatt den Nachbau. »Lorloz« wurde 1903 zur Feier der Eigenständigkeit der Seychellen als Kronkolonie errichtet. Es dauerte allerdings fast ein Jahrhundert, bis man die Mechanik der Uhr endlich in Gang brachte! Heute schlägt sie pünktlich jede Stunde.

WAS BEDEUTEN DIE FARBEN AUF DER FLAGGE DER SEYCHELLEN?

Die heutige Flagge ist seit der Unabhängigkeit des Landes bereits die dritte. Nach der Rückkehr zur Demokratie wurde sie im Jahre 1996 eingeführt. Sie ist die einzige Nationalflagge, die strahlenförmig in fünf Felder geteilt ist: die Farbe Blau steht für Himmel und Meer, gelb für die Sonne, rot für die Liebe, weiß für Harmonie und grün für die Natur.

WARUM BEGINNEN IM SEYCHELLEN-KREOLISCH SO VIELE HAUPTWÖRTER MIT »L«?

Kreolsprachen dienten früher Sklaven und Bediensteten unterschiedlicher Herkunft zur Verständigung. Sie hörten das Französisch ihrer Herrschaften, übernahmen auch viele Wörter, verstanden aber die Grammatik nicht genau. So wurden die französischen Artikel »la« und »le« im Kreol Seselwa (das keine Artikel kennt) einfach Bestandteil der Substantive: aus *la ville* wurde *lavil* (Stadt), aus *le cœur* wurde *leker* (Herz), aus *le doigt* wurde *ledwa* (Finger), aus *l'école* wurde *lekol* (Schule), aus *l'horloge* wurde *lorloz* (Uhr), aus *la chambre* wurde *lasanm* (Zimmer). Eigentlich ganz einfach – und wer Französisch kann, wird bestimmt einige Wörter Kreol verstehen.

50 DINGE, DIE SIE ...

Hier wird entdeckt, probiert, gestaunt, Urlaubserinnerungen werden gesammelt und Fettnäpfe clever umgangen. Diese Tipps machen Lust auf mehr und lassen Sie die ganz typischen Seiten erleben. Viel Spaß dabei!

... ERLEBEN SOLLTEN

1 Fütterung der Urtiere Riesenschildkröten fressen Ihnen Obst direkt aus der Hand. Unter kundiger Anleitung können Sie die genügsamen Tiere im Botanischen Garten › S. 81 von Victoria füttern.

2 Schnorcheln für Neugierige Rochen, die anmutig durchs Wasser gleiten, sehen aus wie Segelflugzeuge. Oder? Überprüfen Sie es selbst, zum Beispiel bei einem ausgedehnten Schnorcheltrip nach St. Pierre › S. 108 (Catamaran Praslin Private Day Charters, Tel. 2711689, www.catamaranpraslin.com).

3 Traum vom Fliegen Mahé aus der Vogelperspektive sehen Sie bei einem Schleppschirmflug. Ein Motorboot zieht Sie durch die Bucht von Beau Vallon › S. 85 (Beau Vallon Aquatic Sport, Tel. 2594367, 150 €).

4 Abenteuer Natur Am 18 Meter hohen Granitfelsen klettern und mit der Seilrutsche über den Baumwipfeln schweben – im Nordwesten von Mahé, auf dem Gelände des Hotel Ephélia › S. 92, können Sie Naturerlebnis und Nervenkitzel verbinden (SMAC Adventures, www.fb.com/SMACAdventures, Tel. 4395180).

5 Per Kleinflugzeug ins Vogelparadies 100 km von Mahé entfernt und nur per Kleinflugzeug erreichbar: Bird Island › S. 137. Mehr als 20 verschiedene Vogelarten nisten hier zur Brutzeit im Mai, und lautes Gezwitscher erfüllt die Luft (mit Air Seychelles, ca. 415 €)!

6 Bazar Labrin Am Mittwochabend ist Markt an der Beau Vallon Bay. Machen Sie es wie die Einheimischen: Kaufen Sie sich auf dem Markt Leckereien und picknicken Sie am Strand › S. 85.

7 Künstlern über die Schulter schauen Lust, zu erleben, wie eine Skulptur entsteht? Maler und Bildhauer öffnen gern ihre Ateliers. Besuchen Sie zum Beispiel George Camille › S. 78 in seinem Studio auf Mahé D3 (Wavelength, Le Rocher).

8 Eiablage der Meeresschildkröten Nur auf den Seychellen, z. B. auf Denis › S. 138, sind Meeresschildkröten ungestört genug, um auch tagsüber ihre Eier abzulegen. Ein einzigartiges Erlebnis, ebenso wie das Schlüpfen der kleinen Schildkrötchen Wochen später. Naturkundler zeigen Ihnen, wo es sich lohnt, auf die Tiere zu warten. Fragen Sie im Inselhotel nach.

Bird Island macht seinem Namen alle Ehre

9 Mariä Himmelfahrt auf La Digue Bunte Blumen auf den Wegen, Altäre vor jedem Haus – religiöse Gefühle finden auf La Digue einen besonders feierlichen Ausdruck. Von der katholischen Kirche › S. 124 aus wird die Marienfigur in einer feierlichen Prozession durch den Ort getragen, und am Ende steht natürlich … ein Volksfest.

10 Tipps für Gourmets Kontakt zu Einheimischen bekommen Sie ganz schnell: Fragen Sie eine der Verkäuferinnen auf dem Sir Selwyn Selwyn Clarke Market › S. 78 nach einem wirklich authentischen Curryrezept. Wenn Sie das bunte Gemüse auf dem Markt sehen und den Duft von Zimt und Nelken riechen, haben Sie sofort Lust zu kochen – in der Ferienwohnung oder zu Hause.

11 Mit Haien tauchen Gigantisch, aber völlig harmlos sind Walhaie. Im Oktober und November findet man sie sogar rund um Mahé. Tipps und Tauchausrüstung gibt's z. B. bei Blue Sea Divers › S. 35.

... PROBIEREN SOLLTEN

12 Papaya auf dem Brot Eine außergewöhnliche und sehr leckere Konfitüre wird aus den Früchten der Papaya-Pflanze zubereitet. In Gläsern kann man sie z. B. auf dem Basar Labrin erstehen › S. 85.

13 Seychellen-Bier Erfrischend nach einem heißen Tag: »SeyBrew« wird nach deutschem Reinheitsgebot mit Wasser aus lokalen Quellen gebraut. Gibt's an jedem Kiosk.

14 Banane einmal anders Die Kochbanane gehört auf den Seychellen zu den Grundnahrungsmitteln. *Katkat,* die mit Kokosmilch gekochte Version, hat das Zeug zur Lieblingsspeise. Probieren Sie mal, am besten im Boat House › S. 88.

15 Millionärssalat Früher war der Salat aus dem Herzen der Palme *Deckenia nobilis* fast unerschwinglich – daher der Name. Heute bekommt man ihn zu zivilen Preisen, z. B. bei Chez Batista › S. 96, unter der weniger abschreckenden Bezeichnung »Palmherzensalat«.

16 Traditionsessen *Chicken Curry* ist ein echter Klassiker der kreolischen Küche. Wo könnte man den besser genießen als in einem Restaurant, das den Ruf einer Institution hat? Bei Marie Antoinette › S. 84 hat sich die Speisekarte seit der Eröffnung 1972 kaum verändert.

Noch unreife Früchte der Seychellenpalme

17 Hochprozentiges Ein landestypischer »Absacker« ist das Nationalgetränk *baka* › S. 55 aus Zuckerrohr und Früchten. Besonders lecker: auf dem Bazar Labrin › S. 85 kaufen und am Strand trinken.

18 Acht Arme, ein Gericht Zu den Klassikern der Seychellenküche gehört Tintenfischcurry *(kari zourit)*, das man zwar zu Hause nachkochen kann, aber nirgendwo so authentisch serviert bekommt wie im Bonbon Plume auf Praslin › S. 108.

19 Brotfrucht Einer Legende nach kehrt jeder, der von ihr kostet, auf die Seychellen zurück. Am besten bestellen Sie die milden Früchte im Boat House › S. 88, und der nächste Seychellen-Urlaub ist garantiert.

20 Java-Apfel Sieht aus wie eine kleine Birne, schmeckt wie ein Apfel – und ist wegen seines hohen Wassergehalts ein prima Durstlöscher für unterwegs. Sie bekommen ihn zum Beispiel auf dem Sir Selwyn Selwyn Clarke Market › S. 78.

... BESTAUNEN SOLLTEN

21 Kapitän Nemo lässt grüßen Auch Nichttaucher (und kleine Kinder) können die faszinierende Unterwasserwelt erleben: Bei der Fahrt mit Glasbodenbooten sieht man den Ste. Anne Marine National Park › S. 89 so klar wie im Aquarium (Teddy's Glass Bottom Boat, Mare Anglaise, Mahé, Tel. 2511198, teddysgbb@yahoo.com).

Ein tropischer Regenschauer geht über Praslin nieder

22 Aphrodisierende Palmen Die Coco-de-Mer-Palme gibt es nur auf den Seychellen. Haben Sie schon mal genau hingesehen? Die männlichen und weiblichen Blütenstände erinnern an die menschliche Anatomie, deswegen galten die Nüsse der Palme früher als Aphrodisiakum. Zu bestaunen sind die endemischen Pflanzen in der Vallée de Mai › S. 112.

23 Hängende Hunde Flughunde sind eigentlich nachtaktiv. Falls Sie nachts jedoch anderes vorhaben, können Sie die Tiere auch tagsüber im Botanischen Garten von Victoria › S. 81 sehen.

24 Südindien in Victoria Den einzigen Hindutempel der Seychellen › S. 79 kann man auch als Nicht-Hindu von innen besichtigen. Fremde Wesen mit Elefantenköpfen tragen die Dachbalken, Götterstatuen überall. Mönche in bodenlangen Wickelgewändern bringen Rauchopfer dar, manchmal begleitet von südindischen Klängen.

25 Üppig grünes Aride Früher fast ausgestorben, jetzt wieder da: den 14 cm kleinen, olivgrünen Seychellenrohrsänger, auch Seychellengrasmücke genannt, kann man nur auf wenigen Inseln hören, unter anderem auf Aride › S. 116.

26 Sonnenaufgang ganz in Gold Praslin, Anse Volbert › S. 108, 6 Uhr früh: Wenn die Sonne über dem Meer aufgeht und alles in goldenes Licht taucht, dann versteht man, warum der Ort auch »Côte d'Or« (Goldküste) genannt wird. Hier lohnt sich das frühe Aufstehen!

27 Frischfisch Wer frischen Fisch will, muss früh aufstehen: Bei Sonnenaufgang landen die Fischer mit ihren kleinen Booten und dem Fang der Nacht in der Beau Vallon Bay › S. 85. Wer einmal zugesehen hat, wie alle Männer mithelfen, die Boote an Land zu ziehen, wie sie die Netze einholen und den Fang verteilen, wird seinen frischen Fisch abends umso mehr genießen.

28 Hintergrund Eine ganze Wand im Kenwyn House › S. 81 ist komplett mit der Coco de Mer bestückt! Hier können Sie die unterschiedlichsten Exemplare bestaunen – und einzigartige Erinnerungsfotos machen. Auch architektonisch ist das Gebäude übrigens interessant. Es dient zudem als Galerie.

29 Riesen aus der Urzeit Die Aldabra-Riesenlandschildkröten sind echte Zeitgenossen der Dinos: Ihre Größe ist imposant – ihr Gebrüll während der Paarung ebenfalls. Glücklicherweise findet man sie nicht nur auf dem namensgebenden Atoll, sondern auch in der Baie Laraie auf Curieuse › S. 110.

30 Mehr als ein Baum Besonders in der Vergangenheit war die Kokospalme die Lebensgrundlage für die Seycheller. Jedes Stück von Baum und Frucht der Palme lässt sich sinnvoll nutzen – das sieht man in der »Maison de Coco«: Alles in und an dem Haus ist aus Kokospalmen entstanden › S. 98.

31 Architektur Das großzügige Pflanzerhaus von Silhouette › S. 131 wurde im 19. Jh. aus endemischen Hölzern gebaut. Ein besonderes Highlight sind die Einlegearbeiten auf dem Fußboden im Wohnraum. Typisch für den Stil sind die umlaufende Veranda und die vielen Türen zur Durchlüftung.

In der Werkstatt des Künstlers Tom Bowers

... MIT NACH HAUSE NEHMEN SOLLTEN

32 Schiff ahoi! Für Freizeitkapitäne und alle mit Sehnsucht nach dem Meer: Kleine und große Schiffsmodelle werden von La Marine › S. 98 in Handarbeit gefertigt. Landestypische Mitbringsel wie eine kleine Piroge gibt es ab 80 €.

33 Takamaka Bay Rum Noch recht jung ist die Brennerei in La Plaine St. André › S. 98, die auch besichtigt werden kann. Ein Schlückchen vom einheimischen Rum bringt Ihnen mitten im europäischen Winter die Wärme der Seychellen zurück. Ein Liter ist zollfrei.

34 Im Rhythmus der Seychellen Die einheimische Musik wird schnell zum Ohrwurm. Wer die Hits auch zu Hause hören (oder das Urlaubsvideo untermalen) möchte, deckt sich am besten in Victoria am Clock Tower › S. 85 mit CDs ein.

35 Würziges Selbst wenn Sie sie nicht zum Kochen verwenden: Die Gewürze der Seychellen bringen den Duft des Landes nach Hause. Nur einmal am Zimt schnuppern – und Sie sind wieder im Urlaub. Erhältlich z. B. im Jardin du Roi › S. 99.

36 Skulpturen Männer beim Fischen und Frauen, die Kokosnüsse pflücken: Künstler Tom Bowers › S. 94 spielt mit Klischees. Seine Bronzeskulpturen passen auch in modern eingerichtete Wohnungen. Bowers schuf übrigens auch das Freiheitsdenkmal in Victoria.

37 Eine harte Nuss Und vor allem schwer! Wer die Transportkosten für eine Seychellennuss scheut, kann ein hohles Exemplar mitnehmen (Ausfuhrgenehmigung des Händlers › S. 154 nicht vergessen!). Auf jeden Fall wird die riesige Nuss im heimischen Wohnzimmer für Gesprächsstoff sorgen › S. 112.

38 Ohr-Muscheln Sie haben schon genügend Muscheln zu Hause? Aber nicht solche! Mit ein wenig Gold zu feinem Ohrschmuck verarbeitet sind Muscheln eine Erinnerung an schöne Strandtage, zu finden z. B. bei Kreolor a1 in Victoria (Camion Hall, Albert St.).

Die Farben der Frangipani-Blüten kann nur die Natur erfinden

39 Seychellen-Duft im Flakon Jeder Ort hat seinen eigenen Geruch. Wie die Seychellen riechen, weiß Kreolfleurage > S. 89. So enthält der Duft »Bwanwar« beispielsweise Zimt, Vanille, Takamaka – und natürlich das Harz des Schwarzholzes, das dem Duft seinen Namen gab.

40 Foto vom Sonnenuntergang Um die rasch versinkende Äquatorsonne im richtigen Moment zu erwischen, muss man schnell sein. Logisch: Es muss ein Westküstenstrand sein. Klassisch: Der Strand von Beau Vallon > S. 85 mit Blick auf die Silhouette von Silhouette.

41 Tee von der Plantage Ein Aufguss aus getrocknetem Zitronengras ist auf den Seychellen als Tee sehr beliebt. Zu Hause auf der Couch genossen, bringt er Urlaubsgefühle garantiert sofort zurück. Sie bekommen den fruchtigen Tee z. B. in der Tea Factory > S. 91.

... BLEIBEN LASSEN SOLLTEN

42 Sonnenbäder In der steil am Himmel stehenden Mittagssonne sollten Sie sich möglichst im Schatten aufhalten. Natürliche Abkühlung finden Sie in den Bergwäldern von Mahé, aber auch Bergtouren können über schattenlose Wege führen – planen Sie sorgfältig und fragen Sie Einheimische.

43 Souvenirs aus Koralle oder Schildpatt Es kann sein, dass Händler Waren z. B. aus Schildpatt oder Korallen anbieten. Wenn Sie Ärger vermeiden wollen, kaufen Sie sie nicht, denn die Einfuhr von Souvenirs aus geschützten Tier- und Pflanzenarten nach Europa ist strafbar.

44 Busse zur Rush Hour Auch auf den Seychellen gibt es sie. Vor 9 Uhr und am späten Nachmittag sind die Busse überfüllt. Überlassen Sie sie dann den Einheimischen, die darauf angewiesen sind.

45 In Shorts ins Restaurant Die Seychellen sind für ihre legere Kleiderordnung bekannt. Das heißt aber nicht, dass man in Badekleidung in die Stadt gehen sollte, und in besseren Restaurants ist für Männer eine lange Hose angesagt.

46 Allein ins Meer Das Meer sieht traumhaft aus, kann aber gefährlich sein: Unterströmungen werden von Schwimmern oft unterschätzt. Baden Sie daher immer in Sicht- und Rufweite anderer Personen.

47 Sand abfüllen Sand ist zwar ein beliebtes und dazu kostenloses Souvenir, doch er könnte auch Muscheln und Korallen enthalten und darf daher nicht ausgeführt werden.

48 Nackte Tatsachen FKK (auch »oben ohne«) ist auf den Seychellen offiziell verboten. Eine Ausnahme bilden Privatstrände von Hotels, die für andere Gäste unzugänglich sind.

49 Diebe in Versuchung führen Wertsachen sichtbar liegen zu lassen, ist purer Leichtsinn. Ob diebische Gäste oder Einheimische: Selbst das Paradies Seychellen ist nicht frei von Kleinkriminellen.

50 Politische Diskussionen Die Seycheller sind zu Recht stolz auf die Errungenschaften ihres Landes und viele stehen hinter der Politik ihrer Regierung. Meiden Sie lieber politische Diskussionen, denn kritische Bemerkungen zu ihrem Land nehmen Seycheller oft persönlich.

Nicht alle Wellen sind harmlos

Die Seychellen mit ihrem glasklaren
Wasser sind für Schnorchler ein Paradies

REISEPLANUNG & ADRESSEN

DIE REISEREGION IM ÜBERBLICK

Die bizarren, von Wind und Wasser glatt geschliffenen Granitfelsen, das Standardmotiv unzähliger Seychellenfotos und eine Hauptattraktion des Landes, sind auch ein erster Hinweis auf die Einzigartigkeit der Kerninselgruppe dieses Archipels:

Im Unterschied zu vielen anderen Inseln des Indischen Ozeans sind diese Felsen weder korallenen noch vulkanischen Ursprungs, sondern Überbleibsel der Kontinentaldrift, als sich der indische Subkontinent vor über 100 Millionen Jahren von der Afrikanischen Platte löste.

Rund 4° südlich des Äquators bilden diese Felsbrocken heute das nordöstliche Ende der Seychellen, die **Inneren Inseln** *(Inner Islands)*. Zu ihnen zählen **Mahé, Praslin, Curieuse, Aride, La Digue, Silhouette, Frégate, North** und gut dreißig kleinere Inseln. Sie alle erheben sich von einem Unterwassersockel, der kaum mehr als 30 m unter dem Meer liegt. Allein aufgrund ihrer Lage werden auch **Bird** und **Denis** zu dieser Gruppe gerechnet, wenngleich sie – wie die Äußeren Inseln – ohne Felsgrundlage sind.

Da es sich bei den Granitinseln also im Grunde um die Bergspitzen einer überfluteten größeren Insel handelt, besitzen sie eine ausgeprägte Topografie mit Höhen bis zu 900 m über dem heutigen Meeresspiegel, aber kaum Flachland. Dadurch eignen sich diese Inseln auch für ambitioniertere Bergwanderer, die landschaftliche Abwechslung und eine einzigartige Flora und Fauna suchen. Außer der Sonne drohen keine Gefahren – weder durch Tiere noch durch Pflanzen. Die ausreichend mit Niederschlag versorgten Inseln besitzen alle eine dichte Vegetation, meist tropischen Wald, den Kokosplantagen und kleine landwirtschaftliche Flächen unterbrechen. Aus biologischer Sicht besonders interessant ist die Vallée de Mai auf Praslin, neben dem Aldabra-Atoll eine der beiden UNESCO-Weltnaturerbestätten auf den Seychellen. Hier findet man das Symbol des Landes, die einzigartige Seychellennuss, in freier Natur. Überall, wo Bäche ins Meer münden, sind größere und kleinere Sandbuchten entstanden, die sich malerisch zwischen die Granitfelsen schmiegen. In geologisch viel jüngerer Zeit entstanden vorgelagerte Korallenriffe und Lagunen.

Mit zwei Ausnahmen › S. 140 sind alle Hotels der Seychellen auf insgesamt vierzehn der rund vierzig Inneren Inseln zu finden, und nur auf den Hauptinseln Mahé, Praslin und La Digue sowie dem winzigen Eiland Cerf gibt es mehr als ein Hotel. Die drei großen Inseln verfügen auch als einzige über eine nennenswerte Infrastruktur, und ein Drittel der Gesamtbevölkerung lebt ohnehin auf Mahé in der Hauptstadt Victoria und Umgebung.

Abgesehen von einigen Diskotheken und einem Kino konzentriert sich das touristische Unterhaltungsangebot auf die nähere Umgebung der Hotels

Es gibt sie wirklich, die menschenleeren Strände, auch auf Mahé

und wird auch von Einheimischen genutzt. Touristische Zentren sind die Beau Vallon Bay im Nordwesten von Mahé und die Anse Volbert im Nordosten von Praslin. Die viel attraktiveren kleinen Strände sind leicht erreichbar, aber niemals überlaufen. Die als Foto- und Werbemotiv der Seychellen bekannten riesigen runden Granitfelsen findet man hauptsächlich auf La Digue, das längst kein Geheimtipp mehr ist und vor allem tagsüber oft von Kreuzfahrttouristen überschwemmt wird.

Neben luxuriösen und entsprechend teuren Hotels gibt es auf den drei Hauptinseln ein breites Angebot an Familienpensionen mit wenigen Zimmern und dafür mit Familienanschluss. Auch Ferienhäuser für Selbstversorger sind in ausreichender Anzahl vorhanden.

Die **Äußeren Inseln** *(Zil Elwannyen, Outer Islands)* schließen sich wie der Schweif eines Kometen in südwestlicher Richtung an den Kern um Mahé an. Sie entstanden erst lange nach den Granitinseln aus dem Kalk abgestorbener Korallen. Die meisten der gut siebzig Eilande ragen nur wenige Meter über den Meeresspiegel hinaus.

Zu Beginn des 20. Jhs., als die Gewinnung von Kopra noch eine Hauptrolle in der Wirtschaft spielte, wurden viele der Äußeren Inseln mit Kokospalmen bepflanzt. Inzwischen sind die Plantagen weitgehend wegen Unrentabilität aufgegeben worden. Bei der staatlichen Island Development Company macht man sich inzwischen Gedanken über eine anderweitige ökonomische Nutzung. Da wurden Ölprobebohrungen durchgeführt, andere Wirtschaftszweige wie z. B. Garnelenzucht ausprobiert und natürlich auch Pläne für eine touristische Erschließung gewälzt, aber bisher ist nichts Durchgreifendes geschehen. So schlummern die Äußeren Inseln, zum Teil verlassen oder nur von einer Handvoll Leuten bewohnt, vor sich hin. Nur auf Alphonse und Desroches findet man jeweils eine Hotelanlage.

KLIMA & REISEZEIT

Die Seychellen liegen im Einflussbereich der Monsun- oder Passatwinde, die dem Tropenland ein relativ angenehmes Klima bescheren.

Von Mai bis September weht der Wind aus Südosten, von Dezember bis März aus Nordwesten. Während der Umschlagzeiten im April und Oktober/ November herrscht oft totale Windstille. Dann wird das Klima sehr drückend, die Luftfeuchtigkeit fällt nie unter 80 % und man weiß eine Klimaanlage im Zimmer zu schätzen. Die Umschlagperiode lässt sich nicht genau vorhersagen. Sie kann um ein bis zwei Monate variieren.

Wesentlich angenehmer ist die bei europäischen Winterflüchtlingen beliebte Zeit zwischen Dezember und März, mit Ausnahme der Tage, an denen der Nordwestmonsun einschläft. Allerdings gilt diese Periode als Regenzeit, die besonders auf Mahé im Stau der Berge zu heftigen, wenn auch meist kurzen Schauern führt. Die eher regenarme Zeit von Mai bis Anfang Okto-

DIE WICHTIGSTEN ÄUSSEREN INSELN

- **Plate** (140 km südlich von Mahé)
- die **Amiranten** mit der Hauptinsel **Desroches** (eine Gruppe von zwei Dutzend Inseln, ca. 230 km südwestlich von Mahé)
- **Coëtivy** (280 km südlich von Mahé, Landepiste, Landwirtschaft, Garnelen- und Langustenzucht)
- **Alphonse** (3 Inseln, 410 km südwestlich von Mahé, Landepiste)
- **Providence** (Atoll, 3 Inseln, 720 km südwestlich von Mahé)
- **Farquhar** (Atoll mit 9 Inseln um eine weite Lagune, 760 km südwestlich von Mahé, südlichster Punkt der Seychellen)
- **Astove** (1050 km südwestlich von Mahé)
- **Cosmolédo** (Atoll mit 11 Inseln, 1050 km südwestlich von Mahé)
- **Assumption** (1160 km südwestlich von Mahé, Landepiste) und schließlich
- das Atoll **Aldabra** (1160 km südwestlich von Mahé), das zum UNESCO-Weltnaturerbe zählt und wegen seiner großen Entfernung zu den Hauptinseln nur mit einigem Aufwand zu erreichen ist

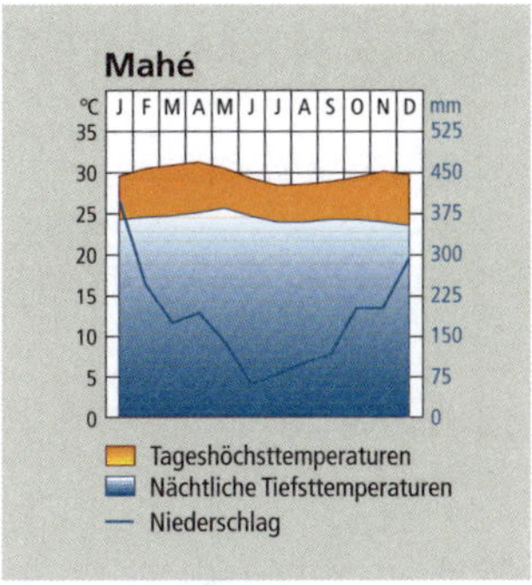

ber bietet zweifellos das beste Wetter. Kräftig und stetig weht der Südostmonsun Tag und Nacht und hält die Temperaturen auf angenehmem Niveau. Während dieser Jahreszeit kommen Segler und Windsurfer voll auf ihre Kosten. Es herrscht allerdings meist bewegter Seegang, was für Taucher Einschränkungen in der Wahl ihrer Tauchreviere bedeutet und auch den Hochseeanglern Schwierigkeiten bereitet. Außerdem führen dann manche Strände eine hohe Brandung, sodass man nicht im Meer schwimmen kann. Die Wassertemperatur beträgt das ganze Jahr über ca. 26 °C.

Die Seychellen sind nie direkt von Zyklonen betroffen. Höchstens Ausläufer machen sich ab und an durch Regen und Wind bemerkbar (Dezember bis Februar). Am Äquator haben Tag und Nacht das ganze Jahr hindurch praktisch die gleiche Dauer von je 12 Stunden. Sonnenauf- und -untergang (ca. 6 bzw. 18 Uhr) gehen sehr rasch vonstatten.

Da die Seychellen ein Ganzjahresreiseziel sind, orientiert sich die Urlauberzahl überwiegend an den Ferienterminen und dem Wetter in den Herkunftsländern (v. a. in Europa). Besonders um den Jahreswechsel sollte man frühzeitig buchen.

ANREISE

Fast alle Touristen erreichen die Seychellen auf dem Luftweg, meist mit einer Zwischenlandung im Nahen Osten.

Nonstop-Nachtflüge aus Deutschland bietet nur **Condor** (www.condor.de) ab Frankfurt am Main je nach Saison ein- bis zweimal wöchentlich an. Aus Zürich fliegt **Edelweiss Air** (www.flyedelweiss.com), aus Wien **Austrian** (www.austrian.com) nonstop auf die Seychellen. Die Flugzeit beträgt ungefähr 10 Stunden.

Umsteigeverbindungen, z. B. ab Berlin, Düsseldorf, Frankfurt a. M., Genf, Hamburg, München, Wien oder Zürich, bieten **Emirates** (www.emirates.com) über Dubai, **Ethiopian Airlines** (www.ethiopianairlines.com) über Addis Abeba, **Etihad Airways** (www.etihadairways.com) über Abu Dhabi, **Qatar Airways** (www.qatarairways.com) über Doha und **Turkish Airlines** (www.turkishairlines.com) über Istanbul.

REISEN IM LAND

MIT DEM FLUGZEUG

Den Flugverkehr zwischen den Inseln wickelt die staatliche Fluggesellschaft **Air Seychelles** mit kleinen Propellermaschinen ab. Sie starten auf Mahé vom Inter Island Terminal neben dem internationalen Terminal am Seychelles Airport. Es bestehen planmäßige Verbindungen nach Praslin (etwa stündl., Flugdauer ca. 15 Min.). Inter-Island-Flüge kann man bei Air Seychelles (Tel. 4391000) reservieren.

Die Flüge zu den Inseln Frégate, Bird, Denis, Desroches und Alphonse sind nur in Verbindung mit Übernachtungen in den jeweiligen Unterkünften buchbar. Charterflüge in einer sechssitzigen Vulcan Air P68 C zu entlegenen Inseln kann man zudem bei Zil Air › unten buchen.

Air Seychelles Ltd.

- The Quadrant, Manglier Street
  P. O. Box 386 | Victoria | Mahé
  Tel. 4391000 | www.airseychelles.com

MIT DEM HUBSCHRAUBER

Zil Air bietet vor allem Hoteltransfers zu den Nebeninseln an, aber auch Rundflüge. Die modernen Hubschrauber der Typen Eurocopter EC 120 B und Beechcraft 250 verkehren nicht nur von den Flughäfen, sondern auch von vielen hotelnahen Start- und Landeplätzen und bieten somit direkte Transfers von und zu den internationalen Flügen ohne weiteres Umsteigen.

Zil Air (Pty) Ltd.

- Pointe Larue | P. O. Box 1110 | Mahé
  Tel. 4375100 | www.zilair.com

MIT DER FÄHRE

Zwischen Mahé, Praslin und La Digue besteht ein regelmäßiger Fährbetrieb, teilweise mehrmals täglich. Die Ablegestellen sind auf Mahé der Inter Island Quay c1 im Hafen von Victoria, auf Praslin die Jetty von Baie Ste. Anne d4 und auf La Digue der Hafen La Passe a2.

Schnell und zugleich komfortabel ist der Transfer auf den vier **Cat-Cocos-Katamaranfähren** von Inter Islands Boats › S. 27 zwischen Mahé und Praslin (2- bis 3-mal tgl., Fahrzeit 1 Std., Erw. ca. 64–84 €, Kinder ca. 32–47 €) und zwischen Mahé und La Digue über Praslin (1- bis 2-mal tgl., Fahrzeit 1½ Std., Erw. ca. 56 bis 69 €, Kinder ca. 31 €).

Der moderne Schnellkatamaran **Kat Roses** von **Inter Island Ferry** › S. 27 verkehrt von Sonnenauf- bis -untergang 5- bis 7-mal täglich zwischen Praslin und La Digue. Eine Reservierung ist empfehlenswert (Fahrzeit 15 Min., Erw. ca. 14 €, Kinder ca. 7 €).

Informationen und Buchungen

Seyferry

- Tel. 2613625 (auch deutschsprachig) in Deutschland 089 420954205, in Österreich 0720 512129 www.seyferry.com/de

Inter Island Boats Ltd.

- Espace Bldg. | P. O. Box 356 | Victoria Mahé | Tel. 4297165 www.catcocos.com

Inter Island Ferry (Pty) Ltd.

- Baie Ste. Anne | Praslin | Tel. 4232329 www.seychelles.net/iif

Abfahrt von La Passe auf La Digue

AUF KREUZFAHRT

Die Äußeren Inseln der Seychellen kann man auf einer Kreuzfahrt bereisen, d. h. entweder als Zwischenstopp auf einer großen Reise durch den Indischen Ozean oder auf einer »kleinen« Kreuzfahrt, die in Mahé beginnt und endet.

Während es im Bereich der Inneren Inseln noch keinerlei Zwischenfälle gegeben hat, sind die Gewässer um die entlegeneren Inseln in den letzten Jahren auch in das Visier von Piraten geraten. Aus diesem Grunde sehen die Anbieter inzwischen davon ab, feste Termine für Kreuzfahren in diese Region anzubieten. Ob eine derartige Fahrt als sicher gelten kann, muss daher von den Schiffseignern, den Skippern und den Behörden vor Ort je nach der augenblicklichen Lage entschieden werden.

MIT DEM BUS

Busfahrten sind durchaus zu empfehlen, schon weil sie sehr preiswert sind (unter € 0,50 pro Fahrt) und man Kontakt zu den Einheimischen bekommt.

Linienbusse der staatlichen Gesellschaft **SPTC** verkehren auf Mahé und Praslin. Der zentrale Busbahnhof auf Mahé liegt an der Palm Street b1 in Victoria. Fahrpläne sind im Touristenbüro, im SPTC-Bürogebäude am Busbahnhof, eventuell auch an der Hotelrezeption erhältlich. Hauptstrecken, z. B. Victoria–Anse aux Pins, werden im Halbstundentakt befahren. Nach Bel Ombre (über Beau Vallon) sowie nach Port Launay bestehen auch abends Verbindungen, ansonsten verkehren die Busse zwischen 5.30 und 20.30 Uhr. Auf Praslin gibt es drei Linien, die in Mont Plaisir im Nordwesten beginnen und etwa im Stundenrhythmus (5.50–18.20 Uhr) verkehren, sonntags etwas seltener. Den Fahrpreis zahlt man bar oder mit aufladbarer »Smart Card«, erhältlich im SPTC-Büro (Latanier Road, Victoria)

Die Bushaltestellen kennzeichnen kleine Schilder oder Markierungen direkt auf dem Asphalt. Die Busse stoppen nicht unbedingt an jeder Haltestelle. Man muss also zum Einsteigen winken, wenn der Bus sich nähert, zum Aussteigen an der nächsten Haltestelle rufen die Seycheller *»devan«*. Meiden sollte man die Hauptverkehrszeiten vor 9 Uhr und zwischen 15.30 und 17.30 Uhr. Die Busse sind dann überfüllt.

MIT DEM TAXI

Taxis gibt es auf Mahé, Praslin und La Digue. Die Preise liegen bei knapp 2 €/km. Der Haupttaxistand in Mahé, an dem immer Wagen zu finden sind, liegt im Zentrum von Victoria, an der Albert Street in der Nähe des Uhrturms a2. Taxis sind auch am Flughafen bei Ankunft internationaler Maschinen und meistens an den großen Hotels auf Mahé verfügbar; ansonsten muss man sich an der Rezeption einen Wagen telefonisch bestellen lassen. Dort kann man auch die ungefähren Preise erfahren.

Obwohl jedes Taxi ein Taxameter besitzt (Vorschrift), wird dieses – besonders gern bei Ausländern – nicht unbedingt eingeschaltet. Entweder bestehen Sie darauf oder vereinbaren vor der Abfahrt den Fahrpreis. Auf diese Weise kann man auch private Sightseeing-Touren unternehmen – mit dem Taxifahrer als persönlichem Fremdenführer. Wenn Sie einem Fahrer begegnen, der Ihnen zusagt, fragen Sie ihn nach seiner privaten Telefonnummer, um ihn bei Bedarf direkt anzurufen.

Victorias Busbahnhof in der Palm Street ist das Drehkreuz für den Inselverkehr

MIT DEM MIETWAGEN

Auf Mahé und Praslin gibt eine ganze Reihe von Leihwagenfirmen *(Car Hire)*. Einige sind bereits bei der Ankunft am Seychelles International Airport in Mahé zur Stelle, viele schicken auch ihre Vertreter in die großen Hotels, wo sie jeden Morgen in der Lounge ihre – manchmal schon etwas älteren – Autos anbieten. Ansonsten genügen ein Blick in den Branchenteil des Telefonbuchs und ein kurzer Anruf, um zu einem Leihauto zu kommen. Die Preise liegen zwischen 40 und 80 € pro Tag, die absolut »billigsten« Angebote erhält man sicherlich vor Ort. Dabei sollte man aber beurteilen können, ob ein Auto auch wirklich verkehrstüchtig ist (Bremsen, Reifen usw.). Die großen internationalen Autovermieter bürgen hingegen mit ihrem Namen für einen gewissen Mindeststandard. Zudem kann man bei Vorbestellung (mit deutschsprachigem Vertragstext) genau überprüfen, ob man ausreichend versichert ist. Die Kfz-Reservierung ist auch in der Hauptsaison sinnvoll, da zumindest die guten Wagen dann meist vermietet sind. Einige Fluggesellschaften bieten in Zusammenarbeit mit Autovermietern Sondertarife (»Fly & Drive«) an.

Zum Anmieten eines Fahrzeuges muss man den internationalen oder den EU-Führerschein vorlegen und die Leihsumme vorab entrichten oder mit Kreditkarte garantieren. Darin ist meist die Haftpflicht eingeschlossen; zusätzliche Versicherungen kosten zusätzlich. Eine Vollkaskoversicherung wird dringend empfohlen, die Insassenversicherung ist eher überflüssig.

Am meisten verbreitet sind japanische oder koreanische Kleinwagen. Sie sind auf den engen Straßen auch für Ortsunkundige leicht zu handhaben und reichen völlig aus, da man sie kaum zum Gepäcktransport einsetzt. Die Autos werden fast immer mit einem Minimum an Benzin übergeben, sodass die erste Fahrt zur nächsten Tankstelle (tgl. ca. 7–19 Uhr) führen muss. Auf Mahé gibt es insgesamt nur sechs Zapfstellen: in Victoria, an der Beau Vallon Bay, am Flughafen, an der Anse Royale, im Ort Baie Lazare und in Port Glaud. Auf Praslin sind zwei Tankstellen vorhanden: in Grand' Anse und in Baie Ste. Anne.

Auf den Seychellen herrscht Linksverkehr. Zunächst ist man besonders beim Einbiegen in andere Straßen versucht, auf die rechte Fahrspur zu wechseln – hier ist große Vorsicht geboten, ebenso beim Ein- und Ausfahren in den Kreisverkehr (im Uhrzeigersinn!). Doch mit etwas Übung stellt der Linksverkehr meist kein Problem mehr dar. Die Geschwindigkeitsbegrenzungen sind innerorts und auf ganz Praslin 40 km/h, außerorts 65 km/h. Ausnahmen werden durch Schilder angezeigt. Es besteht Anschnallpflicht. Beim Parken in einigen Straßen im Zentrum von Victoria ist eine Gebühr in Form von Park-Coupons zu errichten. Die Coupons erhält man bei der Post, in Geschäften, an Tankstellen und bei den Verleihfirmen. Man befestigt sie im Wagen und markiert sie mit der Ankunftszeit (Vorsicht bei offenen Fahrzeugen!).

Mahé verfügt über ein gut ausgebautes Netz an asphaltierten Straßen, nur sind sie meist so schmal, dass gerade zwei Fahrzeuge nebeneinanderpassen. Dazu kommt, dass in den Ortschaften Bürgersteige fehlen, also muss man die Straßen mit Fußgängern und Schulkindern, oft auch noch mit Haustieren teilen. Vor allem in der früh einsetzenden Dunkelheit ist auf unauffällig gekleidete Spaziergänger zu achten. Zudem ist es nicht ungewöhnlich, dass hinter der nächsten Biegung ein parkendes Auto den Weg versperrt oder es gilt, einem Hund oder einer Schar Hühner auszuweichen. Wer nach dem Motto fährt: »Ich bin im Urlaub und habe es nicht eilig«, wird mit den Verkehrsverhältnissen gut klarkommen.

Lassen Sie generell nichts offen im Wagen liegen, wenn Sie ihn abstellen. Langfinger gibt es auch auf den Seychellen – nicht zuletzt dort, wo man glaubt, ganz alleine zu sein.

MIT DEM FAHRRAD

Auf La Digue ist das Fahrrad das Hauptverkehrsmittel für Einheimische ebenso wie für Touristen. Auch auf Praslin kann man sich mit dem Fahrrad gut fortbewegen. Auf Mahé sind Fahrräder als Verkehrsmittel wegen des starken Verkehrs ungeeignet › S. 40.

SPORT & AKTIVITÄTEN

Urlaub aktiv – wenn die Quecksilbersäule über 30 °C klettert und die Luftfeuchtigkeit knapp unterhalb der Hundertprozentmarke liegt?

Unter diesen Bedingungen gehört manchmal eine Portion Überwindung dazu, die vielen angebotenen Freizeitaktivitäten auch zu nutzen. Oft bleibt es bei der leichtesten und nächstliegenden Übung: sich einfach ins Meer gleiten zu lassen, dessen laue Temperatur zum stundenlangen Baden einlädt.

SCHWIMMEN

Viele Feriengäste befriedigen ihre Badelust im Swimmingpool, über den fast alle Hotels verfügen, im Meer planschen sie nur mit den Füßen oder spazieren lediglich daran entlang. Tatsächlich ist es manchmal gar nicht so einfach, ein ideales Plätzchen zum Schwimmen im Meer zu finden: Die malerisch vor der Küste liegenden Lagunen haben bei Ebbe einen sehr niedrigen Wasserstand, fallen oft sogar trocken. Diese Schwierigkeiten gibt es nicht an Sandstränden ohne vorgelagerte Korallenriffe, weil der Grund schnell ins Tiefe abfällt. Je nach Richtung des Monsunwindes kann hier aber eine hohe Brandung herrschen.

LEBEN IM PARADIES?

Ganz großes Kino – Naturschauspiele auf La Digue

»Wenn du hier auf La Digue Käse suchst, wirst du höchstens Cheddar am Stück finden«, warnt mich Simone, und weist mich damit schon gleich auf die »Schattenseiten« des Paradieses hin. Man sieht ihr jedoch an, dass sie mit solchen Abstrichen sehr gut leben kann. Sie nennt sie auch nicht »Schattenseiten«, weil sie nur dem auffallen, der sie mit einem anderen Leben vergleicht. Simone Schwerdtner aber hat sich ganz bewusst entschieden: für ein Leben auf dem knapp zehn Quadratmeter kleinen Eiland.

Die Münsteranerin gehört nämlich nicht zu jenen Auswanderern, die sich blindlings in ein Abenteuer voller Ungewissheiten gestürzt haben. Sie besuchte ihre neue Wahlheimat fast zehnmal über mehrere Jahre und war ohnehin schon weitgereist, bevor sie den Entschluss fasste, ihren geregelten Job mit festen Arbeitszeiten in Westfalen aufzugeben und nach La Digue zu ziehen. Dort lebt sie nun seit 2016 die meiste Zeit des Jahres – nebst Hund und Kater – mit ihrem Freund Robert, einem echten *Digwa,* der sich für Natur und Umwelt engagiert und auf der Insel Ausflüge für Besucher anbietet, die gern einmal über Felsen klettern oder sich einen Weg durchs Dickicht bahnen.

WENIGER KONSUM

Viele Inselbesucher sind von der Naturlandschaft tief beeindruckt, können sich aber kaum vorstellen, dauerhaft auf La Digue zu leben. »Das ist ja auch etwas anderes, als zwei Wochen hier Urlaub zu machen«, bestätigt Simone. Dass man sich bestimmte Konsumwünsche auf La Digue nicht so leicht erfüllen kann, hat Simone dazu gebracht, sie grundsätzlich zu hinterfragen. »Es ist erstaunlich, wie wenig man wirklich braucht – und wieviel man sich einfach einredet.« Nach neuester Mode fragt hier niemand. Die Bewohner kleiden sich luftig und praktisch – das ist ohnehin viel angenehmer. Und wenn dem Inselladen einmal Joghurt oder Haferflocken ausgehen, dann wartet man einfach, bis die nächste Lieferung eintrifft. Denn wenn man auf La Digue etwas im Überfluss hat, dann ist es Zeit. Das betont auch Robert immer wieder, der mit dieser Mentalität aufgewachsen ist. Und Zeit ist allemal wertvoller als die paar Dinge, die gelegentlich fehlen.

MEHR LEBEN

»Statt Geld für Sinnloses auszugeben, fahre ich mit dem Fahrrad über die Insel, gehe schwimmen oder schnorcheln, lerne Kreol, begleite Touren, fotografiere und schreibe neuerdings auch an einem Buch. Oder wir machen etwas, was wir zuvor noch nie gemacht haben: ein neues Gericht kochen, auf einen neuen Felsen klettern, mit einem Fischerboot die Inseln erkunden!«

Von der Welt abgeschnitten lebt man auf La Digue allerdings nicht. Dank der modernen Kommunikationstechnik kann Simone durchaus in ihrem erlernten Beruf, dem Online-Marketing, weiter arbeiten und lässt darüber hinaus die Welt durch ihren Blog und ihren Instagram-Account an ihrem Inselleben teilhaben. Durch die Kontakte, die sie so geknüpft hat, kann sie sich ab und zu auch kleine Wünsche erfüllen, die über das hiesige Angebot hinausgehen. »Nächste Woche bringen mir Leser meines Blogs eine neue Haarbürste, Käse und meine Lieblingsnüsse mit.« Und: »Es gibt auch Online-Shops, die auf die Seychellen liefern.« *Same day delivery?* Eher nicht. »Lieferzeit zwei Wochen«, meint Simone schmunzelnd. Aber sie hat ja Zeit.

Simone wägt die vermeintlichen Bequemlichkeiten ab gegen das, was sie auf La Digue hat: »Wenn wir bei Vollmond darauf warten, dass der Mond am Horizont aufgeht, dann blicke ich in den Himmel und mir wird klar, wie glücklich ich mich schätzen kann, dieses Leben zu leben.« Und wie viele Menschen, die im materiellen Überfluss leben, können das schon von sich sagen?

- **Simone Schwerdtner**
  La Digue | www.wolkenweit.de
  Instagram/Facebook/Twitter/Pinterest: @wolkenweit
- **Für geführte Touren:**
  Robert Agnes | Tel. 2525357
  www.sunnytrailguide.net
- **Die Insel kennenlernen:**
  Ob Einheimischer oder Urlauber: auf La Digue fährt jeder Fahrrad. Es gibt sie vielerorts für erschwingliche 10 € am Tag zu leihen, bei mehrtägiger Miete gibt es noch Rabatt. Simone rät: »Plane nicht zu viel, sondern lass dich einfach treiben.«
- **Auf den Geschmack kommen:**
  Takamaka-Rum von Mahé > **S. 98**: Besonders beliebt sind die Kokos- und Vanille-Varianten. Es darf auch mal der dunkle Rum mit besonders vielen »Umdrehungen« sein. Gemischt mit frischen Säften oder auf Eis und einer »Prise Paradies« sowie dem Duft von Kokospalmen – so lässt es sich leben.

Vor der gesamten Ostküste von Mahé erstreckt sich eine Lagune, daher bietet sie keine idealen Voraussetzungen zum Schwimmen – mit Ausnahme der einladenden Anse Royale im Süden, wo das Korallenriff so weit draußen liegt, dass das Wasser hier einige Meter Tiefe aufweist. Auf der anderen Inselseite gibt es eine ganze Reihe schöner Sandbuchten. Aufgrund der wechselnden Passatwinde ist an allen Stränden zu bestimmten Jahreszeiten mit höherem Wellengang zu rechnen.

Das Meer ist nicht so harmlos, wie es scheint: Selbst bei Flut muss man auf einzelne Korallenblöcke aufpassen. Tragen Sie unbedingt Badeschuhe zum Schutz vor Seeigeln oder Korallentrümmern. Bei hohem Wellengang kann Baden wegen Strömungen gefährlich sein. Man sollte auf alle Fälle die Warnschilder beachten, die an manchen Stränden aufgestellt sind.

SCHNORCHELN

Auf den Seychellen gibt es viele wunderschöne Schnorchelreviere mit reichem Korallenwuchs und buntem Unterwasserleben > S. 51. Allerdings liegen sie selten direkt vor dem Hotel. In den Lagunen zu schnorcheln lohnt sich allgemein wenig, weil das Wasser trüb ist und es auch kaum etwas zu sehen gibt. Weitaus interessanter sind die Riffe – allerdings sind sie in der Regel nur mit dem Boot erreichbar und wegen der dort herrschenden Bran-

DIE BESTEN BADESTRÄNDE

- Die **Anse à la Mouche** auf Mahé hat einen flachen Strand, der bei Familien sehr beliebt ist (Okt. bis April). > S. 93
- Die **Anse Soleil** zählt zu den schönsten Badebuchten auf Mahé. Sie liegt abseits der Hauptstraße und hat nur ein kleines Gästehaus (Okt.–April). Noch ursprünglicher zeigt sich die anschließende **Petite Anse.** > S. 94
- Die **Anse Lazio** auf Praslin gilt als einer der schönsten Strände der Welt, ist leicht erreichbar, aber nicht überlaufen (April bis Okt.). > S. 108
- Die **Anse Georgette** auf Praslin gehört zum Lémuria Resort, aber nach Anmeldung dürfen auch Nichtgäste sie betreten (April bis Okt.). > S. 118
- Die **Anse Source d'Argent** auf La Digue ist ein absolutes Muss, aber auch eine Hauptattraktion der Insel; morgens oder abends sind die besten Zeiten. > S. 126
- Auf Silhouette ist die **Anse Mondon,** eine kleine Bucht im Norden der Insel, die attraktivste Badestelle; am einfachsten erreicht man sie per Boot, das am Inselhotel Labriz ablegt (April bis Okt.). > S. 131
- Die **Anse Victorin** auf Frégate liegt in der Nähe des Hotels, erfordert aber einen recht steilen Abstieg durch den Wald (April bis Okt.). > S. 133

dung auch nicht ganz ungefährlich. Gut eignen sich dagegen die felsigen Flanken von offenen Sandbuchten.

Zum Schutz vor Sonnenbrand sollte man, v.a. am Anfang des Urlaubs, beim Schnorcheln ein (UV-Schutz-) T-Shirt tragen. Eine Alternative ist Skiunterwäsche, die selbst im Wasser eng anliegt.

TAUCHEN

Der Tauchsport ist sehr populär auf den Inseln, geeignete Tauchreviere gibt es praktisch überall. Der Unterwasserboden rund um die Granitinseln liegt kaum mehr als 30 m tief und besteht aus kahlen Felsabbrüchen sowie abwechslungsreichen Korallenriffen mit einer bunten Vielfalt an Tropenfischen. Neugierige, aber nicht aggressive Haie gibt es immer wieder zu beobachten. Auch Großfische wie Mantarochen oder Walhaie lassen sich ausmachen, besonders zwischen November und Januar, weil sie dann dem Plankton folgen, das in die höheren Wasserschichten steigt.

Die nötige Ausrüstung samt Unterwasserkamera kann man bei den Tauchbasen ausleihen. Ein dünner Tauchanzug gegen Auskühlung und schmerzhafte Hautabschürfungen an Korallen ist empfehlenswert. Bewährt haben sich leichte, schnell trocknende Overalls aus Lycra. Anfänger sollten zur eigenen Sicherheit ein ärztliches Tauglichkeitszeugnis von zu Hause mitbringen. Geübte Taucher nehmen am besten einen Nachweis (Brevet) über ihre Unterwassererfahrung mit.

Es gibt mehr als ein Dutzend Tauchschulen, bei denen Anfänger und Fortgeschrittene Unterricht nehmen oder Exkursionen buchen können. Die meisten Schulen sind dem APDS, dem Berufstaucherverband der Seychellen, angeschlossen

Begegnung mit einem Rochen

und von der Professional Association of Diving Instructors (PADI) anerkannt, sodass sie auch international gültige Tauchscheine ausstellen können.

Gerade weil der Tauchsport auf den Seychellen so viele Anhänger hat, sollte man bedenken, dass jeder Tauchgang einen Eingriff in die Unterwasserwelt bedeutet. Jegliche Berührungen mit dem Meeresboden oder den Korallenstöcken sollte man vermeiden und niemals Muscheln oder Korallen mitnehmen.

Tauchbasen in Mahé, auf Praslin und La Digue:

Azzurra Pro Dive Centre a2
- Anse de la Réunion | La Digue
  Tel. 4292525
  www.ladigue.sc/dive-center

Big Blue Divers C2
- Mare Anglaise (Beau Vallon Bay)
  Mahé | Tel. 4261106
  www.bigbluedivers.net

Blue Sea Divers C2
- Mare Anglaise (Beau Vallon Bay)
  Mahé | Tel. 2526051
  www.blueseadivers.com
  > mehr S. 13 Punkt 11

Dive Resort Seychelles E6
- Anse à la Mouche | Mahé
  Tel. 4372057
  www.diveresortseychelles.com

Dive Seychelles Underwater Centre C2
- Berjaya Beau Vallon Beach Resort
  Beau Vallon
  Mahé | Tel. 4247165
  www.diveseychelles.com.sc

SCHNORCHELN & TAUCHEN

- Der **Sainte Anne Marine National Park** bei Mahé gehört zu den Schnorchelrevieren, die leicht erreichbar sind. Dank des strengen Schutzes weist er eine besonders große Vielfalt an buntem Unterwasserleben auf. > **S. 89**
- Ein weiteres Schutzgebiet, das etwas abseits liegt und daher wenig besucht wird, ist die **Baie Ternay,** eine Bucht im äußersten Westen von Mahé. > S. 92
- Der **Curieuse Marine National Park** ist ein ausgezeichnetes geschütztes Schnorchelgebiet, ganz besonders faszinierend rund um das Inselchen St. Pierre. Man kann von Praslin aus einsteigen oder ein Schiff buchen. > S. 110
- Unter Schnorchlern ein echter Geheimtipp ist die **Anse La Farine** im äußersten Osten von **Praslin,** denn sie ist nur mit dem Boot oder per Fußmarsch zu erreichen. > S. 111
- Auf **La Digue** empfiehlt sich die Westseite zum Schnorcheln. Im Hafenbereich muss man auf Boote achten, ruhiger geht es weiter südlich an der **Anse Source d'Argent** zu. > S. 126
- Ein Tipp ist auch die Koralleninsel **Desroches,** bekannt durch ihren Fischreichtum und ihre abwechslungsreichen Korallenriffe mit Steilabbrüchen. Bei ruhigem Meer kann die Sicht mehr als 30 m betragen. > S. 139

Ocean Dream Divers C2
- Mare Anglaise (Beau Vallon Bay)
  Mahé | Tel. 4248385
  www.oceandreamdivers.eu

Octopus Diving Center c2
- Anse Volbert | Praslin
  Tel. 2715441
  www.octopusdiver.com

Whitetip Divers c2
- Anse Volbert | Praslin
  Tel. 4232282
  www.whitetipdivers.com

Tauchbasen speziell für die Hotelgäste gibt es zudem auf Cerf, Denis, Desroches, Frégate, North und Silhouette. Auf Mahé organisieren auch die folgenden Charterunternehmen mit ihren Schiffen Tauchexkursionen:

King Bambo
- Tel. 2513945

Silhouette Cruises
- Tel. 4324026
  www.seychelles-cruises.com

Voiles & Lagons Seychelles
- Eden Island Marina
  Tel. 2602828
  www.voileseychelles.com

WINDSURFEN UND SEGELN

Die Voraussetzungen für diese Sportarten sind sehr günstig in der Zeit zwischen Mai und September, denn dann weht der Südostmonsun stark (4 bis 5 Beaufort) und stetig. Weniger geeignet ist die Zeit zwischen Dezember und März. Der dann herrschende Nordwestmonsun kann zwar kräftig blasen, setzt aber mitunter auch tagelang aus. Kaum ein Lüftchen regt sich in den Monsunumschlagzeiten April, Oktober und November. Wann diese einsetzen, lässt sich nie exakt vorhersagen; meist dauert die windlose Übergangsperiode einen Monat.

Bretter verleihen viele Hotels sowie einige Unternehmen auf Mahé, aber das Material entspricht oft nicht dem Standard, den sich ein passionierter Windsurfer wünscht. Gegebenenfalls sollten sich Brettsegler ihre eigene Ausrüstung mitbringen. Erfragen Sie vorher die Spezialtarife für Sportgepäck bei Ihrer Fluggesellschaft.

Besser sieht es bei den Sportsegelbooten aus. Häufig handelt es sich um Katamarane, die in gutem Zustand sind. Die größte Auswahl und das beste Revier findet man an der weiten, überwiegend korallenfreien Beau Vallon Bay auf Mahé.

Eine andere Möglichkeit, sich seglerisch zu betätigen, besteht beim Jachtklub in Victoria (Hafen, Tel. 4322362), wo vor allem von Mai bis September viele Regatten gefahren werden. Für größere Fahrten kann man Jachten chartern, vorzugsweise mit Skipper. Der favorisierte Bootstyp ist auch hier der Katamaran. Angeboten werden Touren im Gebiet der Inneren Inseln, aber auch mehrwöchige Törns zu den Amiranten oder noch weiter, wenn es die Wetter- und Sicherheitslage erlaubt.

Informationen und Adressen für Selbst- und Mitsegler › **Seitenblick Schiffstouren S. 38.**

Nach der Segeltour wird das Segel fachmännisch geborgen

Marine Charter Association D2/3
Erteilt Auskünfte für Segler.
- P.O. Box 204 | Victoria | Mahé
  Tel. 4322126 | mca@seychelles.net

Seychelles Tourism Board
(Adresse > S. 151) informiert auf seiner Website über Veranstalter für Jachtcharter.
- www.seychelles.travel/de > Erkunden > Unternehmungen

KAJAK

Die Wunderwelt über und unter Wasser an einer der schönsten Küsten der Seychellen erlebt man in den durchsichtigen Seekajaks von Crystal Water Kayaks (Source d'Argent, La Digue, Tel. 2747457) – und bekommt dabei nicht einmal nasse Füße. Ausflüge mit Seekajaks werden auch von Schiffen aus > **Seitenblick S. 38** und von den Wassersportzentren einiger Hotels angeboten.

STEHPADDELN

Das weltweit immer beliebter werdende *Stand up paddling* (Stehpaddeln) ist ein umweltschonender und auch nicht besonders anstrengender Wassersport, wenn man erst einmal die Balance gefunden hat. Gäste des Hotels Paradise Sun auf Praslin > S. 109 können sich die Bretter gratis ausleihen.

SEYCHELLEN AUF WELLEN

Mit der Jacht von Insel zu Insel

Angesichts der so zahlreichen Seychelleninseln fällt die Entscheidung schwer, wo man seinen Urlaub verbringen möchte. Um sich gerade beim ersten Besuch einen guten Überblick zu verschaffen, bietet sich eine Kreuzfahrt an. Die Vorteile liegen auf der Hand: Man sieht eine Vielzahl von Inseln in kürzester Zeit und erlebt jeden Tag ein neues herrliches Panorama, braucht dazu aber nie die Unterkunft zu wechseln. Die Kosten bewegen sich dabei durchaus in vertretbarem Rahmen, verglichen mit der Alternative: Unterkünfte an Land (mit Vollpension) und Einzelausflüge zu den Inseln.

Buchen Sie erst eine Woche auf dem Schiff und entscheiden Sie sich dann, wo Sie den Rest des Urlaubs verleben möchten. Außer in der Hauptsaison (in der Zeit um Weihnachten) gibt es keine Probleme, auch kurzfristig an Land eine Bleibe zu finden.

KREUZFAHRTPROGRAMME

Bei einer einwöchigen Kreuzfahrt auf den Zweimast-Toppsegelschonern von **Silhouette Cruises,** die jeweils bis zu 20 Passagiere in acht klimatisierten Kabinen aufnehmen, werden je nach Wind und Wetter z. B. die Inseln Mahé, Praslin, La Digue, Curieuse und Cousin angesteuert – eine ideale Einführung in das Tropenparadies der Seychellen. Während des Törns bleibt Zeit für Tauchgänge und Schnorchelausflüge. Es werden auch spezielle Tauchkreuzfahrten durchgeführt. Neben den Traditionsschiffen besitzt Silhouette Cruises zwei moderne und etwas längere Segeljachten.

Sportlich Veranlagte können eine einwöchige Seekajak-Kreuzfahrt buchen. Segelschiffe dienen als Ausgangsbasis, sodass die Teilnehmer unterschiedliche Regionen mit dem Kajak erkunden können. Ebenfalls sehr beliebt sind »Öko-Safaris«, die von einem erfahrenen Naturführer begleitet werden. Der Anschauungsunterricht wird dabei von Vorträgen und Diskussionen an Bord begleitet. Mit umgerüsteten Forschungsschiffen kann man nach den Walhaien Ausschau halten, die von Juni bis August bzw. November bis Januar an den Inneren Inseln vorbeiziehen, oder zum Aldabra-Atoll mit der größten Landschildkrötenkolonie der Welt aufbrechen.

- **Silhouette Cruises** D2/3
  P. O. Box 336 | Victoria | Mahé
  Tel. 4324026
  www.seychelles-cruises.com
  www.aldabraexpeditions.com

JACHTCHARTER

Segelfreunde können Segeljachten und Katamarane chartern – Experten »bareboat«, Laien komplett mit Skipper und Crew. In beiden Fällen legt man die Route selbst fest, sollte sich aber von Kennern beraten lassen. Wer nicht allein oder zu zweit eine ganze Jacht mieten möchte, erkundigt sich nach Mitsegelangeboten. Anbieter sind z. B.:

- **Bat-O-Bleu NV**
  Duinenstraat 156 | 8450 Oostende
  Belgien | Tel. +32 474022714
  www.bat-o-bleu.com
- **Dream Yacht Charter**
  Praslin | Tel. 4232681
  www.dreamyachtcharter.com
- **Marine Cat** E3
  Eden Island Marina | Mahé
  Tel. 2527077 | www.marinecatsey.com
- **The Moorings** E3
  Eden Island Marina
  Tel. 4346120 | www.moorings.com
- **Sunsail** E3
  Eden Island Marina | Tel. 4601331
  www.sunsail.com
- **Mariner Travel GmbH**
  Deutsche Moorings- und Sunsail-Agentur
  Theodor-Heuss-Str. 53–63
  61118 Bad Vilbel
  Tel. 06101 55791-522 (Moorings)
  Tel. 06101 55791-566 (Sunsail)
- **KH+P Yachtcharter GmbH**
  Ludwigstr. 112 | 70197 Stuttgart
  Tel. 0711 638282
  www.khp-yachtcharter.com
- **Trend Sailing GmbH**
  Marker Dorfstr. 74 | 59071 Hamm
  Tel. 02381 163321 | www.trend-sailing.de
- **VPM Bestsail** D3
  Roche Caiman | Mahé
  Tel. 4344719 | www.vpm.fr

ACHTUNG AUF SEE

Segeln zwischen den Inneren Inseln ist relativ ungefährlich, doch zu den Äußeren Inseln sollten sich nur erfahrene Segler hinauswagen. Die Amiranten dürfen ohnehin nur mit Skipper angelaufen werden. Das Echolot sollte man unbedingt stets im Auge behalten und nicht blind auf Tiefenangaben in den Seekarten vertrauen – Korallenformationen ändern sich ständig. Erkundigen Sie sich außerdem nach der aktuellen Sicherheitslage, denn v. a. somalische Piraten drangen vom Horn von Afrika immer wieder nach Süden in den Indischen Ozean vor.

WASSERSKI

Motorisierter Wassersport ist ausschließlich in der Beau Vallon Bay > S. 85 erlaubt (Beau Vallon Aquatic Sport, Tel. 2594367). Wasserskimöglichkeiten gibt es in diversen größeren Hotels.

FAHRRADFAHREN

Zwei ausgesprochene Fahrradinseln sind Praslin und vor allem La Digue, weil es auf den Straßen relativ wenig Autoverkehr gibt und die Landschaft nicht so hügelig ist. Auf La Digue werden Leihfahrräder von mehreren Unternehmern angeboten, u.a. gleich am Hafen, sobald man das Fährschiff verlässt. Auf Praslin gibt es Verleihfirmen an der Côte d'Or und im Ort Grand' Anse. Auf Mahé findet man kleinere Verleihunternehmen vor allem im Süden. Die Fahrradmieten liegen bei ca. 5 € pro Tag. Vor allem im Norden Mahés ist das Radfahren wegen des hohen Verkehrsaufkommens jedoch nicht unbedingt empfehlenswert.

Bei den Leihrädern handelt es sich bisweilen um billige Mountainbikes, die z.T. schon recht heruntergekommen sind. Überprüfen Sie die Bremsen sowie die Funktionsfähigkeit der Gangschaltung, möglichst ehe Sie die Leihgebühr entrichten.

REITEN

Reitausflüge von verschiedener Dauer, an Stränden oder z.B. durch Kokosplantagen werden vom Anbieter Turquoise Horse Trails in Barbarons (Mahé) organisiert (www.turquoisehorsetrails.com).

WANDERN

Man kommt zwar nicht gerade zum Wandern auf die Seychellen, würde aber mit Sicherheit einiges versäumen, wenn man es nicht täte. Die einzigartige Natur und die großartige Landschaft lassen sich am besten zu Fuß erkunden. Wege gibt es genug – das Fremdenverkehrsamt hat eine Reihe von ihnen erschlossen, markiert und mit Hinweisschildern versehen.

Weil die Pfade oft schlüpfrig sind und manchmal auch steile Etappen überwunden werden müssen, empfiehlt sich für diese Ausflüge Schuhwerk mit guter Profilsohle, ansonsten genügen an Ausrüstung eine Sonnenkappe, Insektenschutz sowie ein leichter Rucksack mit genügend Trinkvorräten und einem Regenschutz. Die beste Zeit für Wanderungen liegt zwischen Mai und September, dann weht ein kühlender Südostmonsun. Natürliche Frische findet man im Schatten der Bergwälder von Mahé. In jedem Fall sollte man so weit wie möglich die frischen Morgentemperaturen ausnutzen und früh starten.

Mit Ausnahme der Besteigung des Morne Seychellois sind die Touren leicht auf eigene Faust durchzuführen, soweit man gut zu Fuß ist und über ein Auto verfügt, mit dem man zum Ausgangspunkt der Wanderung fahren kann. Doch werden auch geführte Wanderungen von erfahrenen Guides angeboten, z.B. von KJ Nature Tour (Tel. 2583120), Basil Beaudouin (Tel. 4241790) oder Jacques Barreau (Tel. 4242386) auf Mahé, von Michael Jean-Louis (Tel.

2524150) und Victorin Laboudallon (Tel. 2513370) oder V.I.P. Tour (Tel. 2770966) auf Praslin sowie von Henry Bibi auf La Digue (Tel. 2580533). Der Vorteil bei einer Führung liegt darin, dass man von den Guides auf viele unscheinbare Naturwunder am Wegesrand aufmerksam gemacht wird, die man als Unkundiger leicht übersieht.

BUCHTIPP:
Für die meisten Wanderwege gibt es die sehr empfehlenswerten kleinen Führer **Nature Trails and Walks in Seychelles,** die man für wenige Rupien beim Tourist Office in Victoria oder in den größeren Hotels kaufen kann. Verfasser dieser Broschüren sind die Biologen Katy Beaver und Lindsay Chong-Seng, die die meisten Wege auch mitgeplant haben. Sehr anschaulich beschreiben sie (in Englisch) die unterwegs anzutreffende Tier- und Pflanzenwelt und erwähnen auch sonstige Sehenswürdigkeiten am Wegesrand.

GOLF

Sogar den Golfschläger kann man auf den Seychellen schwingen. Eine etwas ältere 9-Loch-Anlage gibt es im Seychelles Golf Club › S. 97 an der Anse aux Pins auf Mahé (Tel. 2781902). Außerdem wurde vor einigen Jahren ein 18-Loch-Meisterschaftsplatz hinter dem Lémuria Resort › S. 118 auf Praslin eröffnet, der den Spielern Ausblick auf einige der reizvollsten Inselpanoramen gewährt. Die Anlage steht auch Besuchern zur Verfügung, die keine Hotelgäste sind (Tel. 4281238, www.lemuriaresort.com).

Sattelfeste Reiter genießen den Ausritt am Strand

UNTERKUNFT

Die Seychellen heben sich bewusst vom Massentourismus ab: Charterflüge sind nicht zugelassen, und auf den Inseln stehen derzeit nur rund 11 500 Gästebetten zur Verfügung – in Hotelbauten, die bisher übersichtlich bleiben und sich gut in die Landschaft einfügen.

Bei den Unterkünften ist die Auswahl groß, die Preise sind aber für alle hoch: Für zwei Personen im Doppelzimmer liegt die Spanne zwischen 50 und weit über 5000 €. Für Weihnachten muss man längere Zeit im Voraus buchen, denn zum Jahreswechsel reisen europäische Winterflüchtlinge an. Doch auch an Ostern sowie im Juli/August ist längerfristige Planung gefragt, da viele Europäer dann ihre Ferien auf den Seychellen verbringen. Eine detaillierte Unterkunftssuche nach verschiedenen Kriterien bietet die offizielle und vollständige Website www.seychelles.travel.

SCHÖNE KLEINE HOTELS

- Das **Augerine Hotel** ist ein kleines zwischen all den größeren Hotels an der Beau Vallon Bay im Nordwesten der Insel Mahé. Gemütliche Zimmer mit Meerblick. > S. 87
- **Anse Soleil Beachcomber** liegt weitab von Siedlungen und Hauptstraßen an einem der schönsten Strände im Südwesten Mahés. > S. 94
- **Les Villas d'Or** liegen am längsten und beliebtesten Strand von Praslin und sind bestens ausgestattet – alles Weitere findet man in der Nähe. > S.109
- Das kleine Hotel **Le Duc de Praslin**, ebenfalls an der Côte d'Or, zählt zu den besten 4-Sterne-Hotels der Insel. Gutes kreolisches Restaurant. > S. 108
- Das **Hôtel L'Océan** thront auf einem Hang an der Nordspitze von La Digue und bietet herrliche Aussichten. > S. 126

HOTELS

In den großen Hotels, die meistens von internationalen Konzernen wie Berjaya, Club Med, Four Seasons, Hilton, Kempinski, Raffles, Savoy oder Starwood betrieben werden, bekommen die Gäste den Komfort geboten, der weltweit üblich ist: Tennisanlage, Schwimmbad, Wellnessbereich, Abendunterhaltung mit Live-Bands sowie TV, Minibar und Klimaanlage im Zimmer. Im Berjaya Beau Vallon auf Mahé hat man zudem die Möglichkeit, im Kasino sein Urlaubsbudget aufs Spiel zu setzen.

Mehr dem Inselstil angepasst sind die Hotelanlagen auf den kleinen Eilanden, wo es zwar weniger Abwechslung, dafür viel Ruhe und individuellen Service gibt. Auf den Inseln Alphonse, Bird, Chauve

Wohnen mit Stil und Blick aufs türkisfarbene Meer

Souris, Cousine, Denis, Desroches, Félicité, Frégate, North, Round Island (Mahé und Praslin), Ste. Anne und Silhouette steht jeweils nur eine Unterkunft zur Verfügung, die meist nur mit Vollpension gebucht werden kann (ab ca. 300 € pro Tag), auf Cerf sind es sieben.

GÄSTEHÄUSER UND PENSIONEN

Persönliche Atmosphäre und mitunter Familienanschluss genießt man in einem Gästehaus oder einer Privatpension. Dies ist zugleich die günstigste Art zu wohnen, wobei man z. T. Abstriche beim Komfort machen muss. Die Unterkünfte liegen oft nicht direkt am Strand, nicht jede hat eine Klimaanlage. Gefördert und nach festen Qualitätskriterien bewertet werden solche kleineren Unterkünfte unter dem Label »Seychelles Secrets« des Seychelles Tourism Board (www.seychellessecrets.com).

FERIENWOHNUNGEN FÜR SELBSTVERSORGER

Häufig werden Apartments und Bungalows für Selbstversorger angeboten, die die ganze Bandbreite von der einfachen Hütte bis zur Luxuswohnung abdecken. Manche liegen abseits von Strand und Einkaufsmöglichkeiten, sodass man noch den Preis für einen Mietwagen einrechnen muss. Es lohnt sich, auch die Konditionen wie Bettzeug, Geschirr, Endreinigung und Kaution zu vergleichen. Ein Ferienbungalow für zwei Personen ist ab 60 € pro Tag zu haben, Wohnungen sind etwas günstiger.

Zitronengras, Gewürze, ätherische Öle ... das ganze Aroma der Inseln an einem Marktstand

LAND & LEUTE

STECKBRIEF

- **Fläche:** 115 Inseln mit einer Gesamtfläche von 455 km²
- **Hauptinsel:** Mahé mit 154 km²
- **Hauptstadt:** Victoria (25 000 Einw.) auf Mahé
- **Einwohner:** 95 000 insgesamt, davon Mahé 82 000, Praslin 9000, La Digue 3500
- **Erwerbstätige:** 47 000, davon Dienstleistungen 76 %, Industrie und Handwerk 23 %, Fischerei und Landwirtschaft 1 %
- **Religionen:** 76 % römisch-katholisch, 6 % anglikanisch, 12 % Freikirchen, Hindus, Muslime, Bahá'í

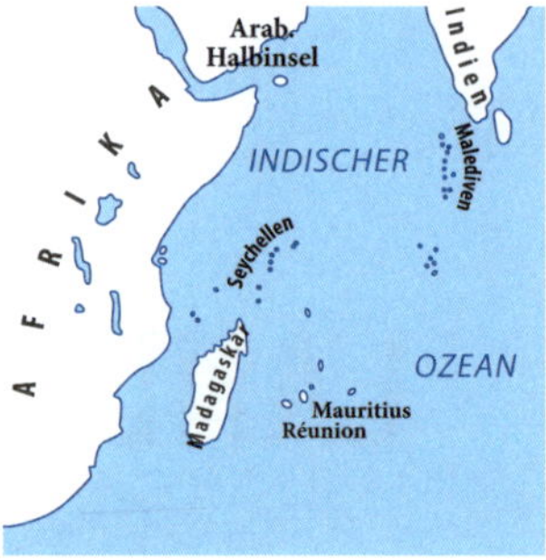

- **Amtssprachen:** Englisch, Französisch, Kreol Seselwa
- **Landesvorwahl:** +248
- **Währung:** Seychellen-Rupie (SCR), unterteilt in 100 Cents
- **Zeitzone:** MEZ + 3 Std. (ganzjährig)

LAGE

Die Seychellen liegen im Indischen Ozean, rund 1600 km vor der Küste Ostafrikas auf der Breite Tansanias. Der Archipel erstreckt sich über 1200 km vom Aldabra-Atoll im äußersten Südwesten bis zur Insel Bird im Nordosten. Dazwischen verteilen sich die übrigen 113 Inseln der Seychellen, die zusammen nicht viel mehr Fläche einnehmen als eine Stadt wie Bremen. Zwei Gruppen werden unterschieden: die Inneren und die Äußeren Inseln.

STAATSWESEN

Die Seychellen sind eine Republik, die von einem Präsidenten mit fünfjähriger Amtszeit regiert wird. Ihm zur Seite stehen der Vizepräsident, zehn Minister und ein Einkammerparlament mit bis zu 35 Abgeordneten. Das Land gehört zum Commonwealth und ist Mitglied der UNO.

Erster Präsident nach der Unabhängigkeit 1976 war James R. Mancham. Nach nicht ganz einjähriger Amtszeit wurde er von seinem Premier France Albert René und der Armee gestürzt. René etablierte zunächst mit seiner SPUP – der späteren *Seychelles People's Progressive Front* (SPPF) und heutigen *Parti Lepep* (Volkspartei) – ein sozialistisches Einparteiensystem, sah sich aber 1993 auch aufgrund internationalen Drucks gezwungen, wieder eine demokratische Verfassung mit Mehrparteiensystem einzuführen. Im April 2004 gab er sein Amt an

Vizepräsident James Alix Michel ab, der 2011 und 2015 wiedergewählt wurde. Als 2016 bei den Parlamentswahlen ein Bündnis der vier größten Oppositionsparteien eine Mehrheit von 58 % der Sitze in der Nationalversammlung errang, trat Michel zurück und übergab das Amt an seinen Vize Danny Faure.

WIRTSCHAFT

Die Entwicklungsvoraussetzungen der Seychellen waren schon immer schwierig. Die ersten Siedler haben Wälder abgeholzt, doch für eine intensive Landwirtschaft gaben der steinige Boden und die steilen Hänge nicht genügend her, und an Rohstoffen mangelte es. Bis zu Beginn des 20. Jhs. bildeten der Anbau von Vanille und Zimt sowie die Kopraerzeugung das ökonomische Rückgrat, doch heute sind diese Produkte fast bedeutungslos. Gut entwickelt hat sich der Anbau von Tee auf den regenreichen Höhen von Mahé. Neben der Deckung des Eigenbedarfs wird ein Teil der Ernte ausgeführt.

Wichtigster Wirtschaftszweig der Seychellen ist, nach dem krisenempfindlichen Tourismus, die Fischerei, die auch hohe Exporterlöse erwirtschaftet. Größtes Industrieunternehmen ist neben der Fischkonservenfabrik Indian Ocean Tuna (IOT) im Hafen von Victoria die Brauerei SeyBrew. Die Fischereiwirtschaft steht jedoch unter Druck: Überfischung bedroht die Bestände, bei IOT herrscht Unsicherheit nach diversen Übernahmen durch internationale Konzerne. Ansonsten ist der produzierende Sektor (bis auf eine Zigarettenfabrik) klein- und mittelständisch strukturiert, mit Bauunternehmen und holzverarbeitenden Betrieben, Kleinwerften und (Kunst-)Handwerk.

Größter Devisenbringer ist der Fremdenverkehr, doch sind die Dimensionen mit rund 12 000 Gästebetten und etwa 350 000 Besucherankünften pro Jahr bescheiden. Bisher hat man der Versuchung widerstanden, einen Tourismus großen Stils zu etablieren, und setzt eher auf Projekte im Luxussegment.

Das größte Problem der Wirtschaftsentwicklung des Inselstaats ist seine hohe Importabhängigkeit, sei es bei Nahrungsmitteln, Kraft- und anderen Rohstoffen, Kfz oder Maschinen. Aufgrund der weiten Transportwege, der relativ kleinen Kontingente und der z. T. immensen Einfuhrzölle ist das Preisniveau unverhältnismäßig hoch – das bekommen auch Touristen zu spüren, die hier mehr Geld ausgeben müssen als zu Hause.

Seychellen-Tee wird auch exportiert

GESCHICHTE IM ÜBERBLICK

Vor dem 16. Jh. Die Seychellen sind bis in die Neuzeit hinein unentdeckt und unbesiedelt. Man vermutet, dass in alter Zeit arabische Seefahrer gelandet, aber nicht sesshaft geworden sind.

1502 Vasco da Gama sichtet auf seiner zweiten Indienreise die zu den Seychellen gehörenden Amiranten. Erste Erwähnung der Inseln unter dem Namen »Drei Brüder« in portugiesischen Seekarten.

1609 Alexander Sharpeigh von der Britischen Ostindien-Gesellschaft gelangt durch Zufall zur Nordgruppe der Seychellen. Sein Bericht im Bordbuch geriet in Vergessenheit, die Inseln blieben weiter unbeachtet.

1742 Der französische Kapitän Lazare Picault entdeckt bei einer Fahrt von der französischen Kolonie Mauritius nach Indien die Granitinseln der Seychellen.

1756 Die Franzosen annektieren die Inseln offiziell und errichten den »Stein der Inbesitznahme« auf Mahé. Der Archipel erhält den Namen »Seychelles« nach einem damals prominenten Grafen.

1768 Erforschung der Inseln durch eine französische Expedition unter Marion Dufresne. Entdeckung der bis dahin unbekannten Seychellennusspalme auf Praslin.

1770 Von der französischen Kolonie Mauritius kommen die ersten Siedler mit ihren Sklaven auf die Mahé vorgelagerte Insel Sainte Anne.

1772 Anlage eines Gewürzgartens an der Anse Royale auf Mahé.

1778 Eine kleine Schutztruppe errichtet ihre Baracken an der Stelle des heutigen Victoria.

1793 Kommandant Quéau de Quinssy kommt als Verwalter nach Mahé. Er untersteht den Kolonialbehörden auf Mauritius.

1810 Die Briten erobern Mauritius. Damit fallen auch die Seychellen kampflos in ihre Hände.

1811 Der erste britische Verwaltungsbeamte übernimmt die Amtsgeschäfte. Man legt viele Kokosplantagen an und lebt vor allem vom Kopraexport.

1835 Abschaffung der Sklaverei.

1903 Die Seychellen werden administrativ von Mauritius abgekoppelt und eigenständige Kolonie.

1967 Einführung des allgemeinen Wahlrechts für Volljährige.

1972 Fertigstellung des internationalen Flughafens auf Mahé.

1976 Großbritannien entlässt die Seychellen am 29. Juni in die Unabhängigkeit. Deren erster Präsident wird James R. Mancham (1939–2017).

1977 Staatsstreich durch France Albert René. Einführung einer sozialistischen Einparteiendiktatur unter der SPUP, später SPPF.

1993 Neue Verfassung mit Mehrparteiensystem. Wahl von France Albert René (1935–2019) zum Präsidenten, Wiederwahl 1998 und 2001.

2004 Nachfolger von Albert René wird James Alix Michel (SPPF, heute *United Seychelles Party*).
2008 Aufhebung des Devisenzwangs: Ausländische Besucher. können nun auch in Rupien zahlen.
2014 Mitte des Jahres übernimmt erstmals Deutschland die Spitzenposition unter den Herkunftsländern der Seychellenbesucher.
2016 Das Oppositionsbündnis LDS *(Linyon Demokratik Seselwa)* erringt eine Mehrheit im Parlament. Daraufhin übergibt Präsident Michel sein Amt an Vizepräsident Danny Faure, der dessen Amtszeit (bis 2020) zu Ende führen soll.
2018 Im April wird der engagierte Umweltschützer Didier Dogley Minister für Fremdenverkehr.

NATUR & UMWELT

Auf den von der übrigen Welt isolierten, bis ins 18. Jh. unbewohnten Seychellen hat die Natur nicht nur eine reiche tropische Flora mit kuriosen Pflanzenarten hervorgebracht, die sonst nirgendwo auf der Welt vorkommen. Sie hat auch bewahrt, was auf dem Festland im harten Konkurrenzkampf der Evolution längst untergegangen ist.

SÄUGER UND REPTILIEN

Wie lebende Fossilien erscheinen die Riesenlandschildkröten › S. 135, die schon zur Zeit der Dinosaurier die Erde bevölkerten und beinahe das gleiche Schicksal wie diese erlitten hätten. Einige Exemplare retteten sich auf die Seychellen- (oder auf die Galápagos-)Inseln, und so entging diese Art dem Aussterben. Dementsprechend wirken die Seychellen-Riesenschildkröten in ihrer jetzigen Umgebung wie Wesen aus grauer Vorzeit.

Die einzigen Säugetiere, die schon vor der Ankunft des Menschen hier lebten, sind Seychellen-Flughunde *(Pteropus seychellensis)*, pflanzenfressende Fledertiere, die nur hier vorkommen. Wenn die Flughunde mit ihren rund einen halben Meter weiten Flügeln durch

Am Tag ruhen sich die Flughunde kopfüber hängend aus

den Abendhimmel flattern, wirken sie wie kleine Vampire, aber sie interessieren sich nur für Früchte. Am liebsten mögen sie Mangos – nicht gerade zur Freude der Baumbesitzer. Diese revanchieren sich, indem sie die (nicht gefährdeten) Flattertiere trotz Verbots gelegentlich fangen und in den Kochtopf stecken. Flughund *(sov souri)* in Weinsoße oder als Curry ist eine Inselspezialität.

VOGELWELT

Da vor der Besiedlung – mit Ausnahme der Flughunde – keine Säugetiere den Weg auf die Seychellen gefunden hatten, traten Vögel umso zahlreicher auf, die auf den Inseln keine natürlichen Feinde kannten. »Sie waren so zutraulich, dass wir sie mit Stöcken von den Zweigen schlagen konnten«, berichteten die ersten Entdecker. Bei diesem Verhalten verwundert es nicht, dass einmalige, nur hier vorkommende Vogelarten entweder ganz ausgerottet worden sind oder nur noch in verschwindend kleinen Restbeständen existieren und damit zu den seltensten Tierarten der Welt zählen. Der Vasapapagei *(black parrot)* in der Vallée de Mai gehört ebenso dazu wie der Paradiesschnäpper *(paradise flycatcher)* auf La Digue oder der auf seinen Flügeln weiß getupfte Seychellendajal *(magpie robin)* von Frégate.

Die Vögel, die Urlauber dagegen häufig zu sehen bekommen, gehören zu den eingeführten Arten. Madagaskarweber *(Madagascar fody)* beispielsweise schwirren überall dort umher, wo es etwas aufzupicken gibt. Während das Weibchen einem Sperling ähnelt, zeigt das Männchen in der Balzzeit eine knallrote Brust. Absolut keine Scheu vor Menschen hat das eifrig nach Brotkrumen suchende Sperbertäubchen *(barred ground dove)*. Auch der lärmende, ursprünglich aus Indien stammende Hirtenstar *(common mynah)* ist meistens nicht weit. Er besitzt ein schwarzes Federkleid, hat weiß gefleckte Flügel sowie einen gelben Augenrand und Schnabel.

Zahlreich sind die Seevögel auf den Inseln. Die schönsten unter ihnen sind die schneeweißen Feenseeschwalben *(fairy terns)* mit ihren schwarzen Knopfaugen. Sie prangen auch als Emblem auf den Flugzeugen von Air Seychelles. Wie sie den ganzen Tag über miteinander turteln, kann man am besten auf den kleinen Inseln Bird, Denis und Frégate beobachten. Feenseeschwalben bauen kein Nest, das Weibchen legt sein Ei einfach auf eine Astgabel, wo es das Ei frei balancierend ausbrütet. Richtige Nester in Erdhöhlen unter Wurzeln oder in Felsen bauen dagegen die Tropikvögel. Wie weiße Kometen gleiten sie mit ihrem fast meterlangen Schwanz hoch über den Baumwipfeln dahin.

Nur auf Aldabra brüten die großen Fregattvögel, die aber häufig auch den nördlichen Inseln einen Besuch abstatten. Die geschickten Segler erkennt man an ihrem schwarzen Federkleid mit dem weißen Brustfleck und dem gegabelten Schwanz. Bird Island (die »Vogelinsel«) haben sich die Rußseeschwalben *(sooty terns)* zum Brüten ausgesucht. Eine knappe

Madagaskarweber sieht man überall, wo es etwas aufzupicken gibt

Million von ihnen findet sich jedes Jahr zwischen Mai und Oktober hier ein. Die schwarz-weißen Bewohner der hohen See legen ihre Eier einfach in den Sand und brüten sie dort aus. Pro Quadratmeter kann man bis zu fünf Nester mit je einem Ei zählen. Wenn die Rußseeschwalben-Schwärme auffliegen, bilden sie eine dichte Wolke, ihr Kreischen schwillt zu einem ohrenbetäubenden Lärm an.

UNTERWASSERWELT

In den Gewässern der Seychellen sind Korallenriffe allgegenwärtig. Zu undurchdringlichen Dickichten sind die weitverzweigten Spitzen der Hornkoralle zusammengewachsen, flache Platten mit einem Fuß bildet die Tischkoralle, und die kugelförmigen Gebilde der Hirnkoralle sehen aus wie riesige, auf den Meeresboden gesunkene Köpfe ohne Schädeldecke.

Noch geben die Korallen einer Unzahl bunter Fische Schutz und Wohnung. An Farbenpracht übertrifft sie alle der blau-orangefarbene Kaiserfisch mit den schwarz-weiß-gelben Streifen. Vornehm und ohne Hast zieht sich der in dezentes Grau gewandete Doktorfisch zurück, der seinen Namen wegen der skalpellartigen Fortsätze an seiner Schwanzwurzel erhielt. Mit ihren spitzen Mäulern picken die zitronengelben Pinzettfische in Ritzen und Löchern nach Nahrung. Rastlos tätig ist der blaugrüne Papageienfisch. Während er mit seinem schnabelartigen Gebiss die Korallen benagt, gibt er den unverdaulichen Rest rückwärts wieder ab, eine »Auspufffahne« hinter sich her ziehend.

Scheinbar untätig und aufgeputzt wie eine Diva verharrt in Nischen und Höhlen der Rotfeuerfisch. Seine enormen Flossen umwallen ihn wie eine Federboa. Sie zu berühren, bedeutet Lebensgefahr: das Gift seiner verborgenen Stacheln kann selbst Menschen töten. Ebenfalls in trügerischer Ruhe auf Korallenbänken herumliegen sieht man den rot gepunkteten Pfauenaugenbarsch. Wehe dem unachtsamen Fischchen, das in seinen Aktionsbereich gerät! Blitzschnell kann der Pfauenaugenbarsch vorpreschen und zuschnappen. Eine ähnliche Taktik verfolgt der raffinierte spindeldürre Trompetenfisch. Er stellt sich entweder senkrecht zwischen Wasserpflanzen auf, um wie ein harmloser Stängel unter vielen anderen zu wirken, oder er schmiegt sich derart eng an den gutmütigen Papageienfisch, dass er als dessen Rückenflosse gelten könnte.

Eine andere Gefahr droht kleinen Fischen von der Seeanemone. Mit blassgelben Nesselfingern versucht sie, nach ihnen zu greifen. Machtlos ist sie nur gegen die putzigen Clownfische und die schwarz-weißen Preußenfische, die – ohne Schaden zu nehmen – bei Gefahr zwischen den Nesselfingern entkommen. Als Barbiere des Korallenriffs sind die schlanken, unscheinbaren Putzerfische tätig. An ihrem Stammplatz erhalten sie fortwährend Besuch von größeren Artgenossen, die sich nicht nur Gern von ihren scharfen Zähnen die Schmarotzer aus der Haut rasieren lassen, sondern sogar zur Reinigungsarbeit ihr geöffnetes Maul darbieten – ein Moment, in dem sogar Raubfische sich ganz friedlich verhalten.

Jede Wohngemeinschaft des Korallenriffs bleibt in der Nähe ihres angestammten Reviers. Notfalls ist bei drohenden Gefahren schnell das rettende Schlupfloch erreichbar. Da patrouillieren die mächtigen Stachelmakrelen in Dreiergruppen die Riffkante ab, kräftige Barsche stehen lauernd an der Riffföffnung, und der Weißspitzenhai zieht erwartungsvoll seine Runden.

Hier muss Ansehen reichen, denn die verborgenen Stacheln des Rotfeuerfisches sind gefährlich

BUCHTIPP:
Riff-Führer Indischer Ozean und Westpazifik von Matthias Bergbauer und Manuela Kirschner (Franckh Kosmos 2018).

ENDEMISCHE FLORA

Zwar besitzen die ausreichend mit Niederschlag versorgten Seychellen-Inseln eine dichte Vegetation, aber ebenso wie in der Tierwelt hinterließen die französischen Kolonisatoren auch in der Pflanzenwelt ihre Spuren. So wurden die ehemals prächtigen, aus uralten, nur hier vorkommenden Baumarten bestehenden Wälder abgeholzt und nach Europa verkauft.

Von endemischen Arten wie Rotholzbaum *(bwa rouz)*, Eisenholzbaum *(bwa fer)* oder Zopfbaum *(bwa nat)* wachsen nur noch vereinzelte Exemplare an unzugänglichen Stellen. Nicht restlos geplündert wurde glücklicherweise die größte Rarität, der Bestand an Seychellennusspalmen › S. 112 auf Praslin und Curieuse. Einen Baum, den man bereits für ausgestorben hielt, entdeckte man in den 1970er-Jahren in den Bergen von Mahé wieder: den Quallenbaum *(bwa mediz)*.

Neben den genannten Arten sind viele weitere endemische Pflanzen – manche von ihnen weder auffallend noch besonders attraktiv – auf den Seychellen zu finden, für die sich vor allem Botaniker interessieren. Zwei Rankengewächse werden dagegen auch Urlauber erfreuen, wenn sie sich auf die Suche nach ihnen begeben. Das eine ist die endemische (wilde) Vanille, die keine Blätter besitzt, sondern nur aus dicken,

FLORA & FAUNA

- Die **Seychellennusspalme** *(Lodoicea maldivica)* mit dem weltgrößten Samen gibt es in freier Natur nur auf den Inseln Praslin und Curieuse.
- Den **Quallenbaum** *(Medusagyne oppositifolia)*, den man bis 1970 bereits ausgestorben wähnte, sieht man ausschließlich in den Bergwäldern von Mahé.
- Die endemische **Vanille** ist eine Orchidee mit wunderschöner, cremefarbener Blüte.
- Die fleischfressende **Kannenpflanze** *(Nepenthes pervillei)* findet man nur auf Mahé und Silhouette in Höhen über 350 m.
- Der elsterähnliche **Seychellendajal** *(Copsychus sechellarum)*, auch Schamadrossel genannt, der schon kurz vor dem Aussterben stand, lebt hauptsächlich auf Frégate, aber auch auf Cousin, Cousine und Aride.
- Dem **Paradiesschnäpper** *(Terpsiphone corvina)* hat man ein Schutzgebiet auf La Digue eingerichtet, wo er auf Bäumen lebt.
- Den **Vasapapagei** *(Coracopsis nigra barklyi)* kann man in der Vallée de Mai auf Praslin zu Gesicht bekommen.
- Der **Gardiners Seychellenfrosch** *(Sechellophryne gardineri)* zählt zu den kleinsten Froschlurchen der Welt. Er lebt in den immerfeuchten Wäldern von Mahé und Silhouette.

fleischigen Stängeln besteht, aus denen eine der schönsten Wildblüten der Seychellen wächst. Sie bildet einen kelchförmigen, cremefarbenen Stern, der zum Stiel hin in ein zartes Lachsrot übergeht. Dieses Orchideengewächs gedeiht oft auf kahlen Felsflächen. Im Gegensatz zur Echten Vanille > S. 124 sind die Früchte der endemischen Vanille ungenießbar.

Das andere bemerkenswerte Rankengewächs ist die nur auf Silhouette und Mahé wachsende fleischfressende Kannenpflanze *(pitcher plant)*. Ihre Blattenden sehen wie schnapsglasgroße Becher aus. Deren Deckel dient als Regenschutz für den klebrigen Saft am Grund des Bechers, der die Insekten festhält und anschließend zersetzt.

NUTZ- UND FRUCHTPFLANZEN

Die meisten tropischen Nutz- und Fruchtpflanzen gedeihen auf den Seychellen: Ananas, Bananen, Avocados, Auberginen, Mangos, Passionsfrüchte, Papayas, Brotfrüchte, Jamalak, Jackfrüchte und Kürbisse wachsen hier, dazu

WIE DER ZIMT AUF DIE SEYCHELLEN KAM

Gewürze galten einst als Kostbarkeit: Die großen Forschungsreisen zu Beginn des 16. Jhs. wurden vor allem unternommen, um die Herkunftsländer von Zimt und Pfeffer, Muskat und Nelken zu suchen – und schließlich in Indien, Ceylon und auf den Molukken zu finden. Viele dieser Gebiete gingen allmählich in den Besitz der geschäftstüchtigen Niederländer über, die sich damit bis ins 18. Jh. ein Monopol in dieser Branche sicherten. Sie verhängten sogar die Todesstrafe über jene, die es wagten, die begehrten Gewürzpflanzen außer Landes zu schmuggeln.

Gewürze für teures Geld bei ihren ungeliebten Nachbarn kaufen zu müssen, war vor allem den Franzosen ein Dorn im Auge. Deshalb beschlossen sie, diese in ihren eigenen Kolonien zu züchten und den Grundstock dafür auf illegalem Weg aus den niederländischen Besitzungen zu beschaffen. Die französische Krone beauftragte damit den Intendanten ihrer Besitzungen im Indischen Ozean, der allein schon wegen seines Namens, Pierre Poivre (Peter Pfeffer), für diese Aufgabe prädestiniert schien. Tatsächlich gelang es ihm, Setzlinge aufzutreiben und sie 1772 auf Mauritius, Réunion und den Seychellen anzupflanzen. Auf Mahé ließ er dazu an der Anse Royale den Jardin du Roi > S. 98 (»Garten des Königs«) anlegen, mit Muskat, Gewürznelken, Pfeffer und Zimt. Leider gediehen die Pflanzen nicht wie geplant. Lediglich dem Zimt gefiel es auf der Insel so gut, dass er sich in kurzer Zeit schon wild verbreitet hatte. Man findet den unscheinbaren hellen Strauch, aus dessen Rinde das Gewürz gewonnen wird, heutzutage überall in den Wäldern. Trug bis zu Beginn des letzten Jahrhunderts die Zimtherstellung noch wesentlich zur Wirtschaft des Landes bei, ist sie heute kaum noch rentabel.

Cashewnüsse, Tee, Zitronengras, Gewürznelken sowie Zuckerrohr, aus dem der einheimische Schnaps *baka* gebrannt wird. Einen Großteil der Anbaufläche nehmen Kokosplantagen ein, denn Kopra, das getrocknete Kernfleisch von Kokosnüssen, war einst der Hauptexportartikel. Heute sind die meisten Kokosplantagen wegen mangelnder Rendite aufgegeben. Fast überall hat sich der importierte Zimt › S. 54 verbreitet. Die Sträucher haben eine helle Rinde sowie glänzende, glatte Blätter, die beim Zerreiben den typischen Zimtduft verströmen. Aus der Rinde gewinnt man die Zimtstangen, aus den Blättern Öl.

Früchteparadies Seychellen

In den Wäldern fallen von den importierten Hölzern v. a. die Albizien auf, erkennbar an ihrem mächtigen, schirmartigen Blätterdach und dem weißgrauen Stamm, die Drachenblutbäume mit ihren großen, kantigen Brettwurzeln sowie die Banyanbäume, die ihre zahlreichen Luftwurzeln zur Erde herniederlassen. Banyanbäume beginnen ihr Leben als Parasiten: Vögel verbreiten den Samen auf andere Bäume, wo er Wurzeln schlägt und mit der Zeit die Wirtspflanze erdrückt.

BUCHTIPP:
Farbatlas Exotische Früchte – Obst und Gemüse der Tropen und Subtropen von Rolf Blancke (Ulmer 2000).

NATURGEFÄHRDUNG UND UMWELTSCHUTZ

Dass die Natur ein unwiederbringliches Kapital der Seychellen ist, hat die Regierung erkannt und Maßnahmen zu deren Schutz ergriffen. Stolz weist man darauf hin, dass fast die Hälfte des Landes unter Naturschutz steht. Den größten Teil davon nimmt allein Aldabra ein, außerdem gehören unter anderem die Inseln Aride, Curieuse, Cousin, der größte Teil von Silhouette sowie die Waldgebiete um den Morne Seychellois auf Mahé und die Vallée de Mai auf Praslin zu den Naturschutzgebieten.

Auch Unterwassergebiete sind geschützt, zum Beispiel das des Sainte Anne Marine National Park vor Mahé oder das der Meerenge zwischen Praslin und Curieuse. Dennoch muss man sich um die ökologisch wertvollen Korallenriffe sorgen: Neuere Forschungen haben ergeben, dass Korallen keine Wassertemperaturen über 29 °C vertragen. Bereits 1998 registrierte man jedoch im Indischen Ozean erheblich höhere Werte und als Folge nachhaltige Schädigungen: Ausgebleichte, das heißt abgestorbene Korallenstöcke sind inzwischen keine Seltenheit mehr. Auf den Seychellen begegnet man diesem Problem mit der Verankerung von Kunstriffen, auf denen neue Korallen angepflanzt werden.

Natürlich stehen alle seltenen Tier- und Pflanzenarten unter Schutz sowie alle Bäume im Bereich eines Bachlaufs. Nicht erlaubt ist es, Korallen abzubrechen sowie Muscheln und Schnecken zu sammeln oder Sand mitzunehmen, da er Bruchstücke von ihnen enthalten könnte. Überall bittet man auf Hinweisschildern, keinen Abfall zu hinterlassen. Diese Maßnahmen, zusammen mit einem bisher relativ sanften Tourismus, lassen hoffen, dass die Einmaligkeit der Landschaft der Seychellen noch lange bewahrt bleibt.

DIE MENSCHEN

Die Seychellen zählen gut 95 000 Einwohner, das jährliche Bevölkerungswachstum bewegt sich bei durchschnittlich 0,8 %.

Die Bewohner der Seychellen oder *Seselwa,* wie sie sich selbst auf Kreolisch nennen, stammen von französischen Kolonisten und ihren afrikanischen Sklaven ab, die gegen Ende des 18. Jhs. die damals unbewohnten Inseln besiedelten. Im Laufe der Zeit haben sie sich miteinander vermischt, und so findet man hier Menschen aller Hautschattierungen, nur sehr dunkle Hautfarben sind selten. Auffällig ist hingegen das häufige Auftreten von blauen oder relativ hellen Augen – vielleicht ein Hinweis darauf, dass die französischen Siedler vorwiegend von der nördlichen Atlantikküste stammten. Obwohl später noch Briten sowie Inder und Chinesen einwanderten, blieb die Gesellschaft französisch geprägt.

Rund drei Viertel der Seycheller gehören der katholischen Kirche an. Die Geburtenrate ist stabil, die Eheschließungen nehmen bei Einheimischen aber weiter ab, während sie bei Touristen zunehmen: Inzwischen kommen auf jede Heirat zwischen Inselbewohnern vier »Traumhochzeiten« von ausländischen Besuchern › S. 82.

Die Lebenserwartung liegt für neugeborene Jungen derzeit bei etwa 70, bei neugeborenen Mädchen sogar bei fast 80 Jahren und damit sogar höher als in manchen osteuropäischen Staaten. Für alle Kinder zwischen sechs und sechzehn Jahren besteht Schulpflicht. Die weiterführende Polytechnische Schule, zu der auch die Hotelfachschule gehört, dient der Berufsausbildung und der Erlangung der Hochschulreife nach britischem Standard. Die University of Seychelles oder UniSey, die 2009 gegründet wurde, verleiht britische Bachelor-Abschlüsse.

Im 21. Jh. ist auf den Inseln im Vergleich zu anderen afrikanischen Ländern ein gewisser Wohlstand zu verzeichnen, das Bruttoinlandsprodukt pro Kopf liegt sogar höher als das Russlands oder der EU-Staaten Südosteuropas. Die Arbeitslosigkeit liegt bei niedrigen 4 %, sodass viele Arbeitskräfte aus dem Ausland angeworben werden müssen. Deren Anteil an den Erwerbstätigen liegt derzeit bei etwa einem Viertel.

Obst frisch vom Erzeuger gibt's auf den Märkten – und ein Schwätzchen dazu

SPRACHE

Die Muttersprache der *Seselwa* ist die gleichnamige Kreolsprache. Sie entwickelte sich aus dem Kauderwelsch, in dem die französischen Kolonialherren und ihre aus verschiedenen Teilen Afrikas stammenden Sklaven miteinander zu kommunizieren versuchten. Der Wortschatz enthält afrikanische, hauptsächlich aber französische Ausdrücke, die zum Teil inzwischen so verändert wurden, dass selbst Franzosen Schwierigkeiten haben, die Sprache zu verstehen.

Nach der Unabhängigkeit von der britischen Kolonialherrschaft gab sich der neue Staat gleich drei Amtssprachen: Englisch aus praktischen Gründen, Französisch aus Tradition und die von den Kolonialherren unterdrückte Alltagssprache *Kreol Seselwa* zur Betonung der Eigenständigkeit. Um es auch im Unterricht zu lehren, legte man in den folgenden Jahren eine einheitliche Schriftform fest. Sie erscheint inzwischen auch auf Briefmarken, Geldscheinen und Hinweisschildern sowie in Zeitungen, Büchern, offiziellen Verlautbarungen und im Fernsehen.

Von der Grammatik her ist die Sprache schnell zu begreifen, denn alles, was sonst das Erlernen von Fremdsprachen erschwert, entfällt weitgehend oder ist durch einfache Regeln ersetzt. So existieren die Verben meistens nur in der Grundform und werden durch Voranstellen der persönlichen Fürwörter *mon* (ich), *ou* (du), *i* (er) usw. konjugiert, z. B.: *Mon pa koz kreol.* = Ich spreche nicht Kreolisch. *Kimanyer ou apele?* = Wie heißt du? *Keler bis i ale?* = Wann fährt der Bus?

Um die Zukunft zu bestimmen, setzt man lediglich ein *pou* vor das Verb: *Lapli pou tombe.* = Es wird regnen. Die Vergangenheit wird durch ein *ti* vor dem Verb zum Ausdruck gebracht. So fangen auf den Seychellen viele Märchen mit dem Satz an: *Ti annan en fwa* … Es war einmal …

KUNST & KULTUR

In einem Land, das kaum mehr Einwohner besitzt als eine europäische Provinzstadt und auf gerade 200 Jahre Geschichte zurückblickt, konnte die Kultur sich nicht wie in Staaten mit langer Zivilisationsgeschichte entwickeln. So sind es lediglich kleine Schätze, die es zu entdecken gilt.

ARCHITEKTUR

Die großzügig konzipierten Kolonial- und Pflanzerhäuser aus dem 19. Jh. fügen sich harmonisch in die tropische Landschaft ein. Eine Freitreppe führt über die breite, häufig umlaufende Veranda in das auf Steinsockel gestellte Holzhaus. Diese Bauweise sowie die Anordnung zahlreicher, sich jeweils gegenüberliegender Klappfenster gewährleisten eine gute Durchlüftung und somit eine angenehme Raumtemperatur. Schmucke Gauben verleihen den Gebäuden ein gefälliges Aussehen, die häufig verwendeten Palmenblattdächer wurden in jüngerer Zeit jedoch durch eine kostengünstigere Wellblechbedachung ersetzt.

Kenwyn House in Victoria ist ein Musterbeispiel französischer Kolonialarchitektur

Mehrere gut erhaltene Kolonialhäuser gibt es an der Ostseite von Mahé: das Lenstiti Kreol südlich des Flughafens, südlich davon das Haus im Vilaz Artizanal (Craft Village), das Hauptkrankenhaus in Victoria und die Auberge de Bougainville (Anse Royale). Auch das alte Gerichtsgebäude in Victoria sowie ein paar Schritte weiter das Geschichtsmuseum am State House Park – beides Nationaldenkmäler – sind gute Beispiele für die Architektur der Kolonialzeit, ebenso das frisch renovierte Kenwyn House > S. 80. Zu den schönsten Häusern dieser Epoche gehört auch das Pflanzerhaus auf Silhouette.

MUSIK, TANZ UND THEATER

Zum traditionellen Kulturgut der Seychellen zählen auch Musik und Tänze. Ein typisches Beispiel dafür ist die schwermütige *Moutya*, eine Mischung aus Gesang und Tanz. Am lodernden Lagerfeuer werden zunächst große, tamburinförmige Trommeln gestimmt, die die improvisierten, von Männern und Frauen im Wechsel vorgetragenen Gesänge rhythmisch untermalen. Die Lieder erzählen von persönlichen Erlebnissen, Sorgen und Nöten. Allmählich verfallen die Akteure in Tanzschritte und versetzen sich im Laufe des Abends in eine Art Trance.

Die Moutya, die zur Sklavenzeit weit verbreitet war, verliert mittlerweile immer mehr an Bedeutung und lebt höchstens noch in den Shows weiter, die Touristen in den Hotels als Abendunterhaltung dargeboten werden.

BEDEUTENDE KÜNSTLER

- Zeichnungen, Radierungen und Aquarelle von **George Camille** findet man in Victoria im Sunstroke Studio > S. 78 und in seinem Haus Kaz Zanana, Revolution Avenue, sowie auf La Digue.
- **Egbert Marday** ist ein vielseitiger Künstler, der als Maler und Bildhauer mit unterschiedlichen Materialien arbeitet und ein Atelier an der La Misère Road in den Bergen von Mahé hat. > S. 93
- Bildhauer **Tom Bowers** modelliert an der Anse à la Mouche Figuren in Kunstharz und stellt davon Bronzeabgüsse her. > S. 93
- Maler **Michael Adams** wohnt und arbeitet an der Anse aux Poules Bleues auf Mahé. Zu kaufen sind meist nur Drucke. > S. 94
- **Donald Adelaide** bietet in Baie Lazare neben Drucken auch Originale seiner Meer- und Landschaftsbilder an. > S. 95
- Der italienisch-deutsche **Antonio Filippin** schnitzt an der Anse Gouvernement auf Mahé Holzplastiken mit oft kurvenreichen Frauenkörpern. > S. 95
- **Gerard Devoud** verkauft seine Aquarelle an der Baie Lazare und in Les Mamelles. > S. 95
- **Colbert Nourrice,** der mit viel Symbolik den Alltag und das Verhältnis von Mensch und Natur auf die Leinwand bringt, hat sein Atelier im Künstlerdorf Domaine de Val des Près auf Mahé. > S. 98

In der einheimischen Musik durchgesetzt und fast schon zum Nationaltanz entwickelt hat sich dagegen die *Sega.* Der aufmunternde Rhythmus animiert geradezu zum Tanzen. Die Paare drehen sich in kleinen Schritten umeinander und versuchen, ihrer Freude am Partner Ausdruck zu verleihen, ohne ihn zu berühren. Ursprünglich begleiteten Gesang, Tamburine, Triangel und Rasseln die Sega. Heute spielt man sie auf allen modernen Instrumenten, und jede Tanzband hat Sega-Stücke im Repertoire, bisweilen aufgepeppt und aktuellen Discohits angepasst.

Eine lustige Mischung aus europäischen und afrikanischen Einflüssen bieten die *Kamtole*-Bands mit ihrer Musik, die auf die im 18. Jh. so beliebten Contredanses zurückgeht. Die kleinen Orchester sind traditionsgemäß mit Geige, Ziehharmonika und Banjo besetzt. Was sie spielen, klingt wie Squaredance-Musik. Bislang gibt es, besonders auf Praslin, noch einige Kapellen, die diesen Musikstil pflegen.

Vorwiegend afrikanischer Tradition scheint die Begeisterung fürs Theaterspielen zu entspringen. So ist es nicht überraschend, dass auf Mahé des Öfteren Stücke aufgeführt werden, die von talentierten einheimischen Autoren stammen oder aus dem Französischen ins Kreolische übersetzt sind. Größere Theatersäle gibt es im Maison du Peuple in Victoria sowie in den Hochschulen von Mont Fleuri und Anse Royale.

BILDENDE KUNST

Malerei und Bildhauerei erhielten auf den Seychellen erst Anstöße durch einige Europäer, die sich nach dem Zweiten Weltkrieg hier niederließen. Mehrere einheimische Maler arbeiteten zunächst in der Art des schon vor der Unabhängigkeit zugewanderten gebürtigen Engländers Michael Adams › S. 94 (geb. 1937), der es versteht, den Alltag der Seycheller, das flirrende Licht und die Farbigkeit der tropischen Vegetation überzeugend auf die Leinwand zu bringen, doch inzwischen haben seine Epigonen fast alle ihren individuellen Stil entwickelt.

Dass die auf Mahé geborene Christine Harter ein Wandgemälde im Beau Vallon Bay Hotel schuf und Skulpturen von Tom Bowers aus London verschiedene Hotels und öffentliche Plätze zieren, ließ die Kunst aufblühen.

Der Erfolg der bekannten Künstler hat viele Seycheller dazu ermutigt, sich auch in diesem Metier zu versuchen. Es wurde ein Verein gegründet, der junge Künstler fördert, Ausstellungen organisiert und Preise verleiht. Auch die Regierung ist der Kunst gegenüber aufgeschlossen. Sie vergibt Aufträge an Künstler und hat das Kulturzentrum im Bibliotheksgebäude in Victoria für Ausstellungen, Aufführungen und Konzerte eingerichtet.

Vielen Künstlern kann man im eigenen Atelier über die Schulter schauen, und mittlerweile gibt es auf den drei Hauptinseln auch eine Reihe von Galerien, in denen diverse lokale Künstler ihre Werke ausstellen, z. B. das Carrefour des Arts oder das Kenwyn House in Victoria auf Mahé.

FESTE & VERANSTALTUNGEN

Auf den Seychellen reicht die Bandbreite an Veranstaltungen von traditionellen Festen und Festivals bis hin zu exklusiven Sportevents.

Neben den unten gelisteten Veranstaltungen, die meist jährlich stattfinden, gibt es die »Bazar« genannten wöchentlichen Märkte in Beau Vallon › S. 86, Victoria › S. 77 und Baie Lazare › S. 95.

FESTKALENDER

Februar: Der **Seychelles Eco-Friendly Marathon** um die Nordhalbinsel von Mahé steht seit 2008 auf dem Sportveranstaltungskalender. Der Lauf ist AIMS-zertifiziert und das Teilnehmerfeld international.
Ende März: Bei der **Fête de la Francophonie** besinnen sich die Seychellen auf den frankophonen Teil ihres Sprach- und Kulturerbes.
Ende Mai: Der Afrikatag wird seit 1999 auf den Seychellen als **FetAfrik** mit Künstlern aus dem In- und Ausland gefeiert.
Mai/Juni: Bei der **Seychelles Regatta** steht – im Gegensatz zur Round Table Regatta im September – der Sport im Vordergrund. Die Regatta findet nicht jährlich statt.
18. Juni: Zum **Nationalfeiertag** finden ein Umzug in Victoria sowie politische Kundgebungen im Stadion statt, die von zahlreichen Show- und Sportveranstaltungen umrahmt werden.
15. August: Das Fest **Mariä Himmelfahrt** wird besonders auf La Digue gefeiert, mit Messe, Prozession und einem Volksfest.

Ob Round Table oder Seychelles Regatta – rund um die Inseln wird um die Wette gesegelt

September: Die **Seychelles Round Table Regatta** ist ein Segelwettbewerb – und zugleich ein dreitägiges Volksfest am Strand von Beau Vallon.

Ende Oktober: Besonders engagiert wird der internationale »Tag der kreolischen Kultur« auf den Seychellen begangen, wo man ihn seit 1985 zu einem mehrtägigen **Festival Kreol** ausdehnt. Länder vom Indik bis in die Karibik tauschen sich aus, und es wird alles aufgeboten, was mit Kultur zu tun hat: Musik und Tanz, Wettbewerbe, Theater, Kunstausstellungen, Lesungen, Umzüge sowie Kongresse, auf denen man sich u. a. Gedanken zur Bewahrung der kreolischen Sprachen macht. Touristen können leicht teilhaben, da die meisten Veranstaltungen in großen Hotels auf Mahé sowie im Lenstiti Kreol stattfinden.

November: An einem Wochenende findet das **Seychelles Ocean Festival** statt, ein Unterwasserfestival mit Wettbewerben, Vorträgen, Filmen und Diavorführungen sowie Tauchgängen (www.fb.com/SeychellesOceanFestival).

Oktober bis Dezember: Erstkommunionfeiern überall im Land. Die Kommunikanten werden liebevoll ausgestattet. Es lohnt, in dieser Zeit an Sonntagen die Augen offen zu halten oder Gottesdienste zu besuchen.

ESSEN & TRINKEN

IM HOTEL

In den Hotels serviert man vor allem europäische Küche, oft als Büfett. Als Nachtisch ist neben gebackenen Bananen vor allem frischer Fruchtsalat empfehlenswert: Die reif geernteten Früchte wie Ananas, Papaya, Mango, Banane oder Maracuja haben hier ihr volles Aroma.

Der Beitrag der Seychellen auf der Hotel-Speisekarte besteht neben tropischen Früchten vor allem aus fangfrischem Fisch. Der steht nicht unbedingt explizit auf der Karte – halten Sie also Ausschau nach entsprechenden

Der *Catch of the Day*, fangfrisch und auf den Punkt gegrillt

Hinweisen (»Catch of the Day«) oder fragen Sie einfach die Bedienung und lassen Sie sich überraschen! Auch die vorzüglichen Schwarzteesorten, z. B. mit Vanillearoma, stammen aus einheimischer Produktion. Das Standardfrühstück im Hotel gibt sich oft englisch: Toast, gesalzene Butter, Konfitüre, Eier mit *bacon* oder *ham*.

RESTAURANTS

Wer nicht in einer kleinen Familienpension wohnt, in der meist einheimische Kost serviert wird, kann sich in vielen der Inselrestaurants mit der kreolischen Küche › rechts vertraut machen, die afrikanische, indische, französische und britische Einflüsse kombiniert. Da die meisten Restaurants nur wenige Sitzplätze haben, empfiehlt sich abends und an Wochenenden eine Reservierung.

EINHEIMISCHE GETRÄNKE

An alkoholischen Getränken gibt es eine recht große Auswahl. Gut mundet das in deutscher Lizenz gebraute Bier (SeyBrew, EKU). Aus Frankreich oder Südafrika stammen die nicht gerade billigen Weine, die in den Hotels und Restaurants offeriert werden. Noch tiefer in die Tasche greifen muss man für stärkere Getränke und Cocktails.

Besonders nachhaltige Wirkung haben zwei Lieblingsgetränke der Seycheller: *kalou*, ein aus Blütenständen der Kokospalme gewonnener und vergorener Wein, und der rumähnliche *baka* aus Zuckerrohr.

Frucht»säfte« kommen fast immer aus der Konserve, und oft handelt es sich in Wahrheit nur um Nektar. Dabei gibt es so erfrischende Köstlichkeiten wie frisch gepressten Limonen- oder Maracujasaft – man muss nur danach fragen.

Wer etwas für sein Wohlbefinden tun will, beschließt sein Abendessen mit einem Zitronengrastee.

KREOLISCHE RESTAURANTS

- **La Perle Noire,** das Top-Restaurant an Mahés Beau Vallon Bay, ist bekannt für seine hervorragenden landestypischen Fischgerichte. › S. 87
- In einem liebevoll restaurierten Haus aus der Kolonialzeit bietet das **Kaz Zanana** a2 neben einfachem, aber gutem Essen auch Kunstgenuss in seiner Galerie (Revolution Avenue, Victoria).
- **Chez Batista** serviert fangfrischen Fisch und Hummer sowie kreolische Küche an Tischen, die einfach unter einem Holzdach im Sand der Anse Takamaka, Mahé stehen. › S. 96
- **Pirogue** serviert frischen Fisch, den man in der leichten Brise nahe dem Strand genießen kann. Von der Bar gibt es zudem leckere Cocktails. › S. 109
- Das **Santosha** auf La Digue gehört zur Domaine de l'Orangeraie und bietet neben einer herrlichen Aussicht leckeres Essen sowie »live cooking«. › S. 126

GAUMENFREUDEN AUS DREI KONTINENTEN

So wie hier sollte Obst immer schmecken, aromatisch und saftig

Genau wie die Bevölkerung der Seychellen spiegelt auch die Küche Einflüsse aus hauptsächlich drei Kontinenten wider: Europa, Afrika und Asien. Grundlage der Speisen sind natürlich die Zutaten, die Land und Meer in Hülle und Fülle bieten. Es wird nicht viele Länder auf der Welt geben, in denen man Meeresfrüchte und Fisch so frisch und in solcher Vielfalt bekommt wie auf den Seychellen – sei es Thunfisch, Bonito, Zackenbarsch, Königsmakrele, Roter Schnapper, Barrakuda, Hummer oder Tintenfisch, um nur die bekanntesten zu nennen. Fisch wird gegrillt, gekocht und gebacken, oft auch klein gewürfelt und in Form eines Currys angerichtet.

Vor allem in den Currys zeigt sich der indische Einfluss. Als Grundlage für die Gerichte dienen neben Fisch auch Huhn oder Schwein, für die Soße hat jeder Koch sein eigenes Rezept.

Die Beilagen bestehen aus Reis, einer scharf gewürzten Currysoße und verschiedenen Gemüsesorten sowie einem Schälchen Chilisoße zum Nachwürzen. Aber Vorsicht, meist ist die Currysoße für einen europäischen Gaumen schon scharf genug – und von der Chilisoße verträgt man wirklich nur eine Löffelspitze! Wenn's dennoch zu stark auf der Zunge brennt, nie mit Wasser nachspülen, sondern lieber Reis essen. Weniger scharf ist normalerweise die *Creole Sauce*, die hauptsächlich aus Tomaten besteht.

Eine weitere Spezialität der Inseln ist die *Tec-tec*-Suppe, die als Einlage die gleichnamigen winzigen Muscheln enthält.

BUCHTIPP:

Mohamad N. Asfahani: **Mauritische Küche,** Kreolische Rezepte von Mauritius bis zu den Seychellen (SV, 5. Aufl. 2014)

REZEPT ZUM NACHKOCHEN

Kari Zourit (Tintenfischcurry)

Rezept nach einem Vorschlag des Les Lauriers, Praslin

Zutaten (für 6 Pers.):

1 kg bissfest (vor-)gekochter Tintenfisch in Stücken · 2 Dosen Kokosmilch · 2 große Auberginen, gewürfelt · 3 TL Safran oder Kurkuma (Gelbwurz) · 1 TL Currypulver · 1 Prise Kreuzkümmelpulver· 4 Knoblauchzehen, gerieben · 1 kleines Stück geriebener Ingwer · 5 Zimtblätter oder etwas Zimtrinde · Salz und Pfeffer · Bratöl

Zubereitung: Das Öl in einer großen Pfanne erhitzen. Safran, Curry, Ingwer, Knoblauch und Zimtblätter kurz darin schwenken. Salzen und pfeffern. Die Tintenfischstücke zugeben und ebenfalls anbraten. Nach und nach die Kokosmilch angießen, bis die Zutaten bedeckt sind, dann alles gut mischen. Etwa 15 Min. köcheln lassen und darauf achten, dass nichts anbrennt. Dann die Auberginenwürfel zugeben und alles weiter köcheln lassen, bis die Auberginenstücke weich sind und die Kokosmilch auf die Hälfte reduziert ist. Mit Salz, Pfeffer und Curry abschmecken. Dazu Basmati-Reis servieren.

ESSBARE SOUVENIRS

Wer im Seychellen-Urlaub auf den Geschmack gekommen ist und Gerichte nachkochen möchte, kann Gewürze von den Seychellen mitnehmen. Die Gewürzmischung für die Currysoße (u.a. Gelbwurz, Ingwer, Kardamom, Knoblauch, Koriander, Kümmel, Pfeffer, Senfkörner und nicht zuletzt Chili) wird von den Einheimischen meist individuell zusammengestellt, man kann sie aber auch fertig kaufen, z.B. auf dem Markt in Victoria. Die übrigen Zutaten sind auch in Europa in vielen Supermärkten oder in Asiengeschäften erhältlich, ansonsten kann man sie im Internet bestellen.

SPEZIALITÄTEN DER INSELKÜCHE

- *pwason sale* – gesalzener Trockenfisch
- *pwason griye* – gegrillter Fisch, mariniert in Knoblauch, Ingwer, Zwiebeln und Pfefferschoten
- *kari zourit* – kremiges Tintenfischcurry
- *lasoup tektek* – Suppe aus winzigen Muscheln (Tec-Tec), die mit Kürbis zubereitet werden
- *bouyon bred* – Spinatsuppe
- *satini* – Chutneys aus Obst, Gemüse und Fisch

Chilischoten – eine beliebte Zutat in Currys

Der Hindutempel fällt selbst im bunten Victoria durch seinen farbenprächtigen Torturm auf

TOUREN & SEHENSWERTES

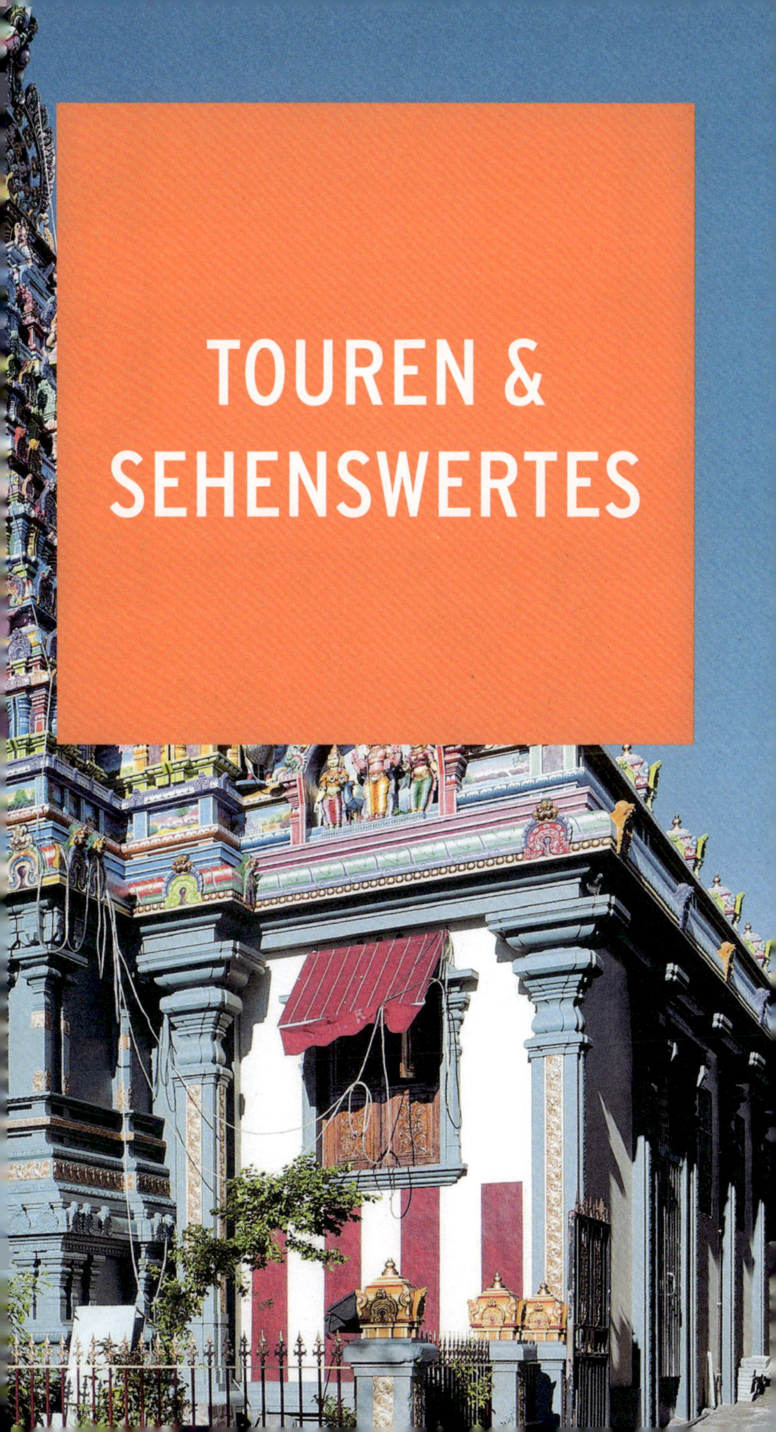

MAHÉ

Obst, Gemüse, Kleidung – auf dem Sir Selwyn Selwyn Clarke Market findet man einfach alles

Die Welt der Seychellen ganz kompakt: Auf der Hauptinsel findet man Strand, Berge, Abwechslung, Unterhaltung – aber auch ruhige Fleckchen, vor allem im Süden und auf den im Osten und Westen vorgelagerten Inselchen.

Neun von zehn Seychellern leben auf Mahé, davon wiederum ein Drittel rund um die Hauptstadt Victoria. Auch der internationale Flughafen und der einzige Tiefseehafen sind hier zu finden, die größten Hotels und damit die meisten Touristen. Sport, Kultur und Feste finden überwiegend auf der Hauptinsel statt. Kurzum: Auf Mahé schlägt das Herz der Seychellen – der Tropenhitze entsprechend allerdings eher gemächlich. Urlauber, die Abwechslung und Unterhaltung lieben, sind hier am besten aufgehoben.

Die Landschaft bietet ein sehr kontrastreiches Bild. Steil steigt die Granitinsel aus dem Meer. Jahrmillionen haben an ihr gehobelt und dabei die puderweichen, in Buchten eingelagerten Sandstrände entstehen lassen. Eine üppige Vegetation bedeckt die ganze Insel und reicht hinauf bis auf 900 m Höhe im artenreichen Nationalpark rund um den Morne Seychellois.

Um in die entlegensten Winkel der Insel vorzudringen, braucht man Kondition und festes Schuhwerk, aber alle bewohnten Gegenden, größtenteils in Küstennähe, sind durch ein gut ausgebautes Straßennetz erschlossen und sogar mit den öffentlichen Bussen leicht zu erreichen. Wer die Insel jedoch nach eigenem Zeitplan erkunden möchte, wird einen Wagen mieten.

Für die Einheimischen liegt das Zentrum des Geschehens in Victoria oder *lavil*, wie man hier sagt: »die Stadt« – schließlich gibt es keine andere. Wer nicht in Victoria wohnt, arbeitet hier oder kauft ein. Der Fremdenverkehr konzentriert sich hingegen eher an der Beau Vallon Bay, wo man ganzjährig baden kann. Hauptstadt und Badezentrum liegen im Norden, und entsprechend groß ist der Kontrast zum beschaulichen Süden. Während die Ostküste kaum Badebuchten bietet, haben sich in den letzten Jahren viele neue, besonders luxuriöse Hotels die Attraktivität der Strände im Südwesten zunutze gemacht. Doch selbst die größeren Anlagen fügen sich, dank strikter Baurichtlinien, harmonisch ins Landschaftsbild ein.

Der Hafen von Eden Island

TOUREN IN DER REGION

TOUR 1

RUNDFAHRT DURCH DEN NORDEN

ROUTE: Beau Vallon > Pascal Village > Victoria > Anse Nord d'Est > Glacis > Beau Vallon

KARTE: Seite 73
LÄNGE: ca. 25 km; 2 Std.
PRAKTISCHE HINWEISE:

- Für die Tour empfiehlt sich ein Mietauto oder Taxi, sie ist aber auch mit öffentlichen Bussen möglich (umsteigen am zentralen Busbahnhof in der Palm St.).
- Für eine Pause am Strand sollten Sie Badesachen mitnehmen.
- An der Küste entlang führt der jährliche Seychelles Eco-Friendly Marathon > **S. 61**, dann ist die Straße für Autos gesperrt. Ansonsten ist es nicht zu empfehlen, zu Fuß an diesen verkehrsreichen Straßen entlangzulaufen.

TOUR-START:

Die Tour führt rund um Mahés Nordhalbinsel durch reizvolle, nur dünn besiedelte Küstenlandschaften mit traumhaften Aussichten auf kleine Buchten; auch ein ausgedehntes Mangrovengebiet findet man hier.

Los geht's von der **Beau Vallon Bay** 2 > S. 85, Mahés touristischem Schwerpunkt, nach Victoria. Die St. Louis Road ist die belebteste Straße der Insel. Sie schlängelt sich zunächst in engen Kurven den Berg hinan zur im Wald verstreuten Ortschaft Pascal Village C2. Jenseits der Passhöhe geht es dann in weiteren Kurven hinunter nach Victoria. Auf der Fahrt erhascht man zwischen den Häusern und Bäumen immer wieder schöne Blicke auf die Hauptstadt, den Hafen und die vorgelagerten Inseln im Ste. Anne Marine National Park – wobei sich der Fahrer unbedingt auf den Verkehr konzentrieren sollte.

In **Victoria** 1 > S. 77 mündet die Straße in die Revolution Avenue, an deren Ende die einzige Ampel des Landes steht. Hier rechts schlängelt man sich durch das charmante Stadtzentrum – am Clock Tower links in die Independence Avenue und an deren Ende in einem Kreisverkehr wieder links ab in die 5th June Avenue. Diese wird außerhalb Victorias in Richtung Norden zur namenlosen Küstenstraße und führt vorbei an kleinen ruhigen Stränden und tiefblauem Meer, aber auch aufgeschütteten Inseln und acht Windrädern – Maßnahmen zur Neuland- und Energiegewinnung. Die reizvolle Aussicht auf das offene Meer und die bergigen Inseln des Ste. Anne Marine National Park begleitet Sie ab North East Point D1. Kurz dahinter weisen auf der linken

Straßenseite Schilder zur Parfümerie Kreolfleurage an der **Anse Nord d'Est** 6 › S. 88, wo Liebhaber exotischer Düfte unbedingt einen Zwischenstopp einlegen sollten.

Die Straße folgt nun eng dem Verlauf der hier etwas raueren und windigeren Küste über den bei Surfern sehr beliebten **Carana Beach** 5 › S. 88 zum North Point. Dahinter, mit schönem Blick auf das winzige Inselchen L'Îlot, geht es vorbei an den meist im Wald versteckt liegenden Häusern von **Glacis** 4 › S. 88 wieder nach Süden. Bald passieren Sie die ersten Hotels, die sich an den schmalen, steilen Hängen zwischen Straße und Meer verteilen. Rechter Hand erblicken Sie nun wieder die weit geschwungene schöne Bucht von Beau Vallon, und Sie gelangen zurück zum Ausgangspunkt Ihrer Tour.

TOUR 2

RUNDFAHRT DURCH DEN SÜDEN

ROUTE: Beau Vallon › Victoria › Sans Souci › Port Glaud › Anse Boileau › Anse à la Mouche › Baie Lazare › Anse Takamaka › Anse Forbans › Anse Royale › La Plaine St. André › Cascade › Victoria › Beau Vallon

KARTE: Seite 73
LÄNGE: 60 km; 4–6 Std. ohne Badepausen

PRAKTISCHE HINWEISE:

- Die Rundfahrt macht man am besten mit dem Mietwagen, oder man vereinbart mit einem Taxifahrer eine Pauschale.
- Es lohnt sich, Badesachen mitzunehmen.

TOUR-START:

Wenn Ihre Unterkunft an der **Beau Vallon Bay** 2 › S. 85 liegt, fahren Sie zunächst wieder Richtung **Victoria** 1 › S. 77. Doch bevor Sie die Innenstadt erreichen, biegen Sie von der Revolution Avenue rechts ab in die Bel Air Road, an deren Ende Sie wiederum rechts in die Sans Souci Road › S. 90 abzweigen. Die spektakuläre Panoramastraße windet sich nun bis zur Passhöhe von 500 m hinauf, wo man bei einer Pause zur Rechten die imposante, üppig grüne Landschaft des Nationalparks Morne Seychellois auf sich wirken lassen kann.

Gleich hinter dem Sattel passieren Sie die stimmungsvollen Ruinen der **Mission Lodge** 9 › S. 91 und später die **Tea Factory** 10 › S. 91, wo sich für Teeliebhaber ein Einkaufsstopp lohnt. Danach geht es in vielen Kurven und mit schöner Aussicht hinunter nach **Port Glaud** 11 › S. 91 an der Westküste. Hier biegen Sie links ab auf die Küstenstraße, die weitgehend am Meer entlang verläuft, wenn man von drei größeren Landzungen absieht. Unterwegs passieren Sie eine Reihe attraktiver Buchten, die teilweise auch mit schönen Sandstränden locken.

Die letzte Bucht an dieser Seite der Insel ist die fotogene **Anse Takamaka** 21 › S. 96. Hier biegt die Straße nach links ins Landesinnere ab, und Sie fahren auf dieser Strecke nun zur Ostküste. Nach gut 2 km, bei der kleinen Ortschaft Quatre Bornes, bietet sich ein Abstecher von der Hauptstraße nach rechts an, zur schönen **Anse Intendance** 22 › S. 96 (rechts halten und dann an der Abzweigung zum Banyan Tree Resort links). Danach fahren Sie auf der Hauptstraße weiter und treffen an der ruhigen Badebucht Anse Marie-Louise F8 auf die Ostküste. Hier geht es links ab nach Norden auf der sehr eng an der Küste verlaufenden Straße, die immer wieder schöne Blicke freigibt. Lohnende Abstecher führen zum »Gewürzgarten« **Jardin du Roi** 30 › S. 98 (an der Les Cannelles Road), zur Schiffsmodellwerkstatt La Marine Ltd. › S. 98 sowie zur **Domaine de Val des Près** 27 › S. 98 mit dem Kunsthandwerkerdorf (links der Hauptstraße gelegen).

Kurz vor dem Flughafen macht die Straße einen scharfen Linksknick. Hier nehmen Sie statt des Providence Highway am besten die gemütlichere alte Küstenstraße Mont Fleuri Road › S. 97 über hübsche Dörfer wie **Cascade** 24 › S. 97. Dies lag vor einigen Jahren noch an der Küste, doch inzwischen wurde hier reichlich Land aufgeschüttet. Kurz vor der Hauptstadt lockt noch zur Linken die prächtige Flora der Inseln im **Botanischen Garten** K › S. 81. In **Victoria** 1 › S. 77 nehmen Sie im anschließenden Kreisverkehr die erste Ausfahrt links. Am Kenwyn House und am Clock Tower vorbei gelangen Sie zur Insel-Ampel, an der es links nach Beau Vallon zurückgeht.

TOUREN AUF MAHÉ

TOUR 1

RUNDFAHRT DURCH DEN NORDEN

Beau Vallon › Pascal Village › Victoria › Anse Nord d'Est › Glacis › Beau Vallon

TOUR 2

RUNDFAHRT DURCH DEN SÜDEN

Beau Vallon › Victoria › Sans Souci › Port Glaud › Anse Boileau › Anse à la Mouche › Baie Lazare › Anse Takamaka › Anse Forbans › Anse Royale › La Plaine St. André › Cascade › Victoria › Beau Vallon

TOUR 3

WANDERUNG ZUR ANSE MAJOR

Danzilles › Anse Major › Danzilles

TOUR 4

BERGWANDERUNG ZU DEN TROIS FRÈRES

Sans Souci › Trois Frères › Sans Souci

TOUR 5

WANDERUNG ZUR COPOLIA

Val Riche › Copolia › Val Riche

TOUR 6

WANDERUNG ZUR MONTAGNE BRÛLÉE

La Réserve › Brûlée › La Réserve

North Point
Machabée
Carana Beach 5
Montagne Glacis 458
Anse Nord d'Est 6
4 Glacis
La Gogue
7
Anse Étoile
Anse Étoile
Beau Vallon Bay
START 1
START 2
START 3
Anse Major
3
Bel Ombre
2 Beau Vallon
Danzilles
Baie Ternay Marine N.P.
13
Morne
Mte. Jasmin 643
Mont Le Niol 681
St. Louis Road
Victoria
1
Pascal Village
Sainte Anne
8
Sainte Anne Marine N.P.
Moyenne
Cerf
Longue
Le Passe Ternay
Port Launay
12
Port Launay Marine N.P.
Seychellois
Trois Frères 699
START 4
Morne Seychellois 905
Sans Souci
Conception
Morne Blanc 667
Mission Lodge 9
Val Riche
Plaisance
11
23 Les Mamelles
Sans Souci Road
497 Copolia
Le Rocher
Port Glaud
Tea Factory 10
National
Park
Cerf Passage
Ile Thérèse
Grand' Anse
14
La Misère
Petit Paris
Ile aux Vaches
Grand' Anse
Barbarons Estate
Cascade 24
Anonyme 25
668 Montagne Planeau
Seychelles Int'l Airport
Pointe Larue
Seychelles Golf Club
Anse aux Pins 26
INDISCHER
Anse Boileau
Montagne Posée Road
Anse Boileau
15
6
Anse Louis
16
27 Domaine de Val des Près
Mte. Brulée 501
28
La Plaine St. André
18 Anse Soleil
17 Anse à la Mouche
Les Cannelles Rd.
19 Petite Anse
OZEAN
Baie Lazare
Anse à la Mouche
Anse Royale
Jardin du Roi 30
29
Anse Royale
Baie Lazare 20
Mont Parnel 378
Anse Takamaka 21
Takamaka
Quatre Bornes
Anse Forbans
Anse Intendance 22
Anse Marie-Louise
Police Bay
N
Mahé
0
5 km

TOUR 3

WANDERUNG ZUR ANSE MAJOR

ROUTE: Danzilles > Anse Major > Danzilles

KARTE: Seite 73
LÄNGE: 3 Std. (hin und zurück)
PRAKTISCHE HINWEISE:

- Die Anfahrt kann per Pkw oder Bus erfolgen.
- Grundsätzlich sollte man diese Wanderung – wie alle längeren Wanderungen auf den Seychellen – in den frühen Morgenstunden beginnen, wenn die Temperaturen am angenehmsten sind.
- Da man an der Anse Major sehr schön den Tag verbringen kann, eignet sich diese Tour auch als Tagesausflug. Nehmen Sie Badesachen, Getränke und Snacks mit, und machen Sie sich spätestens um 16 Uhr auf den Rückweg.
- Badeschuhe schützen Ihre Füße vor im Wasser liegenden Steinen.

TOUR-START:

In **Danzilles** > S. 86 endet die Hauptstraße, die an der Südküste der beliebten Bucht **Beau Vallon** 2 > S. 85 entlangführt. Bis hierhin kann man mit dem öffentlichen Bus gelangen (Linie 21). Falls Sie mit dem Mietwagen unterwegs sind, finden Sie etwa 200 m bergauf hinter der Endhaltestelle Parkmöglichkeiten.

Biegen Sie an der Abzweigung rechts ab und folgen Sie nun der gelben Markierung. Der hier beginnende Fußweg ist auch für weniger erfahrene Wanderer geeignet und bietet ein sehr abwechslungsreiches Landschaftsbild und herrliche Blicke zurück auf die Beau-Vallon-Bucht. Nach etwa 1 ½ Stunden endet er an der abgeschiedenen, malerischen **Anse Major** 3 B2/3, die zum Baden und Schnorcheln einlädt. Die Anse Major hat nur eine kleine Sandfläche, aber zum Sonnenbaden kann man auf die glatten Felsen klettern.

Unterwegs kann man auf den *glacis* genannten Felshängen Vanilleblüten und andere endemische Pflanzen entdecken, die für die trockeneren Gegenden Mahés typisch sind. Ein Großteil der Strecke führt durch die Ausläufer des artenreichen Nationalparks Morne Seychellois C/D3, der nach dem höchsten Berg der Seychellen benannt ist.

Nach der Pause an der Anse Major geht es auf demselben Weg zurück zum Ausgangspunkt.

TOUR 4

BERGWANDERUNG ZU DEN TROIS FRÈRES

ROUTE: Sans Souci > Trois Frères > Sans Souci

KARTE: Seite 73

LÄNGE: ca. 1,5 Std. (hin und zurück)

PRAKTISCHE HINWEISE:

- Diese recht kurze Wanderung können Sie auch am Spätnachmittag beginnen. Achten Sie aber darauf, dass Sie vor Anbruch der Dunkelheit, die sehr plötzlich zwischen 18 und 19 Uhr einsetzt, wieder am Ausgangspunkt sind.
- Die Anfahrt erfolgt mit Pkw oder Bus (Linie 14 oder 35).

TOUR-START:

Um den Ausgangspunkt der Wanderung zu erreichen, fahren Sie mit dem Mietwagen oder Bus über die Sans Souci Road › S. 90 zur Sans Souci Forestry Station D3. Hier steigen Sie aus und wandern auf der Nebenstraße bergauf, der Weg zu den drei Granitfelsen, **Trois Frères** D3, ist hier bereits ausgeschildert. Die Straße endet als Sackgasse.

Der Weg verläuft teilweise durch den schönen Morne-Seychellois-Nationalpark C/D3. An der kleinen Hütte am Ende des Weges werden Sie mit einer einmaligen Aussicht auf Victoria, die vorgelagerten Inseln und die gesamte Ostküste bis hinunter zum Flughafen belohnt – sofern keine Wolken den Blick versperren. An klaren Tagen können Sie sogar die großen Nachbarinseln Praslin und La Digue sehen. Am Ende des Weges finden Sie Hinweisschilder, die Sie zu Stellen führen, an denen die endemische Kannenpflanze › S. 54 zu bestaunen ist. Zurück wandert man auf demselben Weg.

Für erfahrene Bergwanderer gibt es hinter der Hütte noch einen Aufstieg zum Gipfelkreuz der Trois Frères (699 m) mit teilweise sehr steilen Abschnitten. Dieser Weg ist abschnittsweise noch erkennbar, wird aber von der Parkverwaltung nicht mehr gepflegt. Ohne ortskundigen Führer ist deshalb von diesem mehrstündigen Aufstieg abzuraten.

TOUR 5

WANDERUNG ZUR COPOLIA

ROUTE: Val Riche › Copolia › Val Riche

KARTE: Seite 73

LÄNGE: ca. 2 Std. (hin und zurück)

PRAKTISCHE HINWEISE:

- Wenn Sie mit dem Bus zum Ausgangspunkt der Wanderung fahren, erklären Sie dem Fahrer am besten, was Sie vorhaben. Er wird Sie an der passenden Stelle aussteigen lassen.
- Für Autofahrer gibt es keinen Parkplatz, doch das Parken am Straßenrand wird geduldet.

TOUR-START:

Auch diese relativ leicht zu bewältigende Wanderung startet wieder an der Sans Souci Road › S. 90. Der Beginn des Weges bei Val Riche D3, ein wenig nördlich der Passhöhe, ist

Karte S. 73

ausgeschildert und enthält nur einige wenige kurze Steilstücke. Er führt durch Urwald auf das Gipfelplateau der Copolia (497 m) D3. Von den Felsblöcken am Gipfel sieht man Mengen von endemischen Kannenpflanzen sowie andere für diese mittleren Höhen typische Flora und genießt eine traumhafte Aussicht auf Victoria und die Ostküste von Mahé bis zum Flughafen sowie auf viele der umliegenden Inseln. Der Abstieg erfolgt auf demselben Weg.

TOUR 6

WANDERUNG ZUR MONTAGNE BRÛLÉE

ROUTE: La Réserve > Brûlée > La Réserve

KARTE: Seite 73
LÄNGE: 2–4 Std.; es sind Abkürzungen möglich
PRAKTISCHE HINWEISE:

- Den Ausgangspunkt erreicht man nur per Pkw.
- Wenn Ihnen der Weg zum Gipfel zu anstrengend ist, bieten sich kürzere und weniger steile Rundwege als Alternativen an. Diese Wege sind gut ausgeschildert, doch sollten Sie sich vorher im Tourist Office in Victoria > **rechts** eine Wegbeschreibung mit Skizze besorgen, um nicht die Orientierung zu verlieren.

TOUR-START:

Diese Wanderung führt über die Höhen im südlichen Mahé auf den Berg Brûlée E5. Insgesamt ist sie leicht zu bewältigen, doch gibt es einige steile Abschnitte. Der Pfad beginnt an der Passhöhe der Montagne Posée Road, die **Anse aux Pins** 26 > S. 97 an der Ostküste mit **Anse Boileau** 15 > S. 93 an der Westküste verbindet. Biegen Sie mit Ihrem Mietwagen in die kleine asphaltierte Nebenstraße ein, die zur Station der Telefongesellschaft Cable & Wireless führt. Hier sehen Sie Schilder, die auf den Wanderweg hinweisen, und hier finden Sie auch einen Parkplatz.

Der Weg windet sich durch einen imposanten Palmenwald, in dem Sie fünf der sechs endemischen Palmenarten zu sehen bekommen. Mit etwas Glück erspähen Sie auch seltene endemische Vögel wie den Dickschnabelfluchtvogel (Bülbül), den Seychellennektarvogel oder die Warzentaube. Schroffe Granitwände und Felsblöcke bilden die Kulisse. Von drei Aussichtspunkten entlang des Weges zum Gipfel des 501 m hohen Brûlée genießen Sie herrliche Blicke auf Abschnitte der West- wie auch der Ostküste.

INFO

Tourist Information Office Mahé
Informationen zu Unterkünften und Fährverbindungen; es sind Busfahrpläne und Wanderbroschüren erhältlich.

- Independence House
  Independence Ave. | Victoria
  Tel. 4610800 | info@seychelles.net
  Mo–Fr 8–16.30 Uhr, Sa 9–12 Uhr

UNTERWEGS AUF MAHÉ

VICTORIA 1 D2/3

Die Hauptstadt der Seychellen ist mit ihren zwei Dutzend Straßen und Gassen zwar eine der kleinsten der Welt, gehört aber allein schon wegen ihrer bevorzugten Lage sicherlich zu den charmantesten. Im Westen von steilen Berghängen eingeschlossen, die bis auf 699 m (Trois Frères) ansteigen, öffnet sie sich auf der östlichen Seite zum Hafen und dem blauen Meer mit den vorgelagerten Inseln des Sainte Anne Marine National Park.

Viktorias Gründung geht auf französische Soldaten zurück, die 1778 im Auftrag der Kolonialmacht von Mauritius herüberkamen und hier ihr Lager aufschlugen. Unter britischer Herrschaft erhielt der Ort zu Ehren der damaligen Königin seinen Namen. Heute besitzt Victoria Bedeutung auch als Hafenstadt: Am New Pier legen Kreuzfahrtschiffe, große Frachter und Tanker an, und auf dem Seeweg wird ein regelmäßiger Rohstoff- und Warenaustausch, z. B. mit Singapur und Südafrika, abgewickelt. Über Victoria werden u. a. Kraftstoffe, Maschinenteile und Geräte importiert, in den Export gehen Thunfisch, Zimtrinde und Kopra. Meistens belegen Fischtrawler, die ihren Fang auf Kühlschiffe umladen, den Hafen. Jachten ankern im Hafenbecken.

Der Stadtkern besteht noch weitgehend aus Holzhäusern des frühen 20. Jhs. Mit ihrem bunten Anstrich,

Die lebendige Hauptstadt der Seychellen, Victoria

den Fensterläden, Balustraden und verspielten Wellblechdächern entsprechen sie genau der Vorstellung, die man sich von einer tropischen Kleinstadt macht. Im Erdgeschoss der Häuser befinden sich überwiegend Büros und Krämerläden, aus denen es nach Gewürzen duftet und wo man alles kaufen kann, was auf den Inseln gebraucht wird.

Wie lange aber wird der koloniale Charme Victorias wohl noch erhalten bleiben? Schon sprießen hier und dort nüchterne Betonblocks aus dem Boden, auch der Autoverkehr nimmt immer mehr zu. Es wurden bereits die erste Fußgängerzone (Market Street) sowie gebührenpflichtige Parkzonen eingerichtet. Doch sobald um 17 Uhr der Geschäftsschluss naht, verlässt alles auf einen Schlag die Stadt, und nach Sonnenuntergang ist Victoria praktisch menschenleer bis auf einige Nachtschwärmer, die noch eines der Restaurants, das Deepam-Kino, eine Diskothek oder das Amusement Centre in der Verlängerung der Independence Avenue – eine Spielautomatenhalle – besuchen.

SIR SELWYN SELWYN CLARKE MARKET A 1 b1

Mitten in der Stadt liegt im Schatten eines großen Mangobaumes der nach einem früheren Gouverneur der Seychellen benannte Markt, der unbedingt einen Besuch wert ist. Hier wird an jedem Werktag (Mo bis Fr 7–17.30, Sa 6–14 Uhr) angeboten, was auf den Seychellen wächst und gedeiht: Bananen, Papayas, Limonen, Mangos, Javaäpfel, Passionsfrüchte, Guaven, Auberginen, Brotfrüchte, Süßkartoffeln, Maniok, Chilis, Vanillestangen und viele andere Gewürze. Fertig abgepackt und mit Rezept (in den verschiedensten Sprachen) findet man hier auch die für Currygerichte › S. 64 nötigen Zutaten. › mehr S. 13 Punkt 10 und S. 14 Punkt 20

Wie groß und vielfältig das Angebot an Fischen ausfällt, kann man am besten hier studieren, besonders, wenn am Morgen und dann noch einmal gegen 15 Uhr der frische Fang angeliefert wird.

Ein weiterer Teil des Marktes ist für handwerkliche Arbeiten reserviert; dort werden Hüte, Körbe, Schnitzereien und allerlei Andenken ebenso wie T-Shirts und Postkarten angeboten.

In der nahen Market Street a2 findet man das **Sunstroke Studio,** wo der einheimische Künstler George Camille seine Zeichnungen, Radierungen und Aquarelle ausstellt (Mo–Fr 9–17 Uhr, Sa 9 bis 13 Uhr); weitere Ausstellungen des Künstlers auch im Kaz Zanana in der Revolution Avenue a2. › mehr S. 12 Punkt 7

CATHEDRAL OF OUR LADY OF IMMACULATE CONCEPTION B a1

Die ab 1851 erbaute katholische Kirche wurde Mitte der 1990er-Jahre umfangreich renoviert. Die Neugestaltung geht auf den einheimischen Architekten Gilbert Frichot zurück. Tabernakel und Türen stammen von dem Bildhauer Egbert Marday. Der imposante, aus schwarzem Seychellengranit gefertigte Altar musste auseinandergeschnitten werden, da er anders nicht in das Gebäude hineinzubringen war. Sehenswert sind die teils alten, teils neu ergänzten Kirchenfenster in brillanten Farben.

Unweit des geschäftigen Marktplatzes ist dies ein besinnlicher Ort. Vor allem Frauen suchen zwischen den Einkäufen häufig die beiden Marienstatuen rechts und links der Kirche auf, um Andacht zu halten oder ein paar Blumen niederzulegen – die Marienverehrung wird auf den Seychellen großgeschrieben. Der separat hinter der Kirche stehende Glockenturm wurde 1898 errichtet, das mit Arkaden versehene Kapuzinerhaus daneben erst 1933.

ARUL MIHU NAVASAKTHI VINAYAGAR TEMPLE Ⓒ a2

Die wenigen hinduistischen Einwohner auf Mahé beten seit 1992 in einem eigenen Tempel in der Quincy Street, der dem elefantenköpfigen Gott Vinayagar/Ganesha, der Verkörperung von Weisheit und

- Ⓐ Sir Selwyn Selwyn Clarke Market
- Ⓑ Cathedral of Our Lady of Immaculate Conception
- Ⓒ Arul Mihu Navasakthi Vinayagar Temple
- Ⓓ Bel Air Cemetery
- Ⓔ Clock Tower
- Ⓕ Natural History Museum
- Ⓖ Bicentennial Monument
- Ⓗ Kenwyn House
- Ⓘ National Museum of History
- Ⓙ State House
- Ⓚ National Botanical Gardens
- Ⓛ Seychelles Hospital

Intelligenz, gewidmet ist. Der farbenprächtige und reich dekorierte *Gopuram* (Torturm) fällt schon von Weitem auf. › mehr S. 15 Punkt 24

BEL AIR CEMETERY D a2

Auf dem sehr verfallenen Friedhof am Anfang der Bel Air Road haben die ersten Bürger aus der Gründerzeit Victorias ihre letzte Ruhe gefunden. Unter ihnen befindet sich auch der Korsar Jean François Houdoul, der Ende des 18. Jhs. im Auftrag der französischen Regierung britische Handelsschiffe aufbrachte und seinen so erworbenen Reichtum auf den Seychellen anlegte.

Der Friedhof gehört zu den nationalen Denkmälern der Seychellen, was aber die Waschfrauen am vorbeifließenden St.-Louis-Bach nicht davon abhält, an Mauern und Grabsteinen ihre Wäsche aufzuhängen.

Der Clock Tower ist unverkennbar britisch

INDEPENDENCE AVENUE

Der **Clock Tower** E a2 ist eine Kopie des Uhrturms an der Londoner Vauxhall Bridge Road. Der gut 8 m hohe Turm wurde 1903 errichtet, als man die Seychellen zu einer eigenständigen britischen Kronkolonie erklärte. Bis heute wird das Uhrwerk von Hand aufgezogen.

An die Einführung des Zimts › S. 54 auf den Seychellen erinnert die in der Nähe des Uhrturms stehende **Büste von Pierre Poivre** aus dem Jahre 1972.

Zwei Tierstatuen flankieren das **Natural History Museum** F b2. Es zeigt eine leider nur kleine Auswahl präparierter Riesenland- und Meeresschildkröten, Seychellennüsse und Schneckengehäuse, dazu Modelle von Fischen, Vögeln und anderen Kleintieren (Mo–Do 8.30 bis 16.30, Fr 8.30–12, Sa 9–13 Uhr).

An der Kreuzung mit der 5th June Ave. fällt eine drei Vögeln ähnelnde Plastik auf: das **Bicentennial Monument** G b2. Es symbolisiert Europa, Asien und Afrika, woher die meisten Seycheller stammen. Sie nennen es *Moniman trwa lezel* (»Denkmal der drei Flügel«).

KENWYN HOUSE H b2

Dieses denkmalgeschützte Musterbeispiel französischer Kolonialarchitektur (Baujahr 1855) wurde Ende 2018 nach umfangreicher Renovierung als Galerie neu eröffnet. Neben einer Dauerausstellung mit Werken einheimischer Künstler enthält das Gebäude eine ganze Wand mit Seychellennüssen (Mo–Fr 9 bis 17 Uhr). › mehr S. 16 Punkt 28

NATIONAL MUSEUM OF HISTORY Ⓘ b3

Das bereits 1964 gegründete Museum ist inzwischen in das moderne Gebäude der Nationalbibliothek umgezogen. Zu den Exponaten zählen historische Landkarten und Pläne, Feuerwaffen, Musikinstrumente und Gebrauchsgegenstände ebenso wie der Besitzstein, der 1756 den Anspruch Frankreichs symbolisierte › S. 48 (Mo, Di, Do, Fr 8.30 bis 16.30, Mi 8.30–12, Sa 9–13 Uhr).

Die Eröffnung eines moderneren Nationalmuseums in der Nähe des Clock Tower ist geplant.

STATE HOUSE Ⓙ a2

Das im Park gelegene Präsidialamt wurde zu Beginn des 20. Jhs. als Wohnsitz des jeweiligen Gouverneurs errichtet. Heute dient das Gebäude Repräsentationszwecken. Im Park liegt die Grabstätte Jean-Baptiste Quéau de Quinssys, des ersten und zugleich letzten französischen Inselverwalters. Die Besichtigung des State House und auch des Parks ist nur im Rahmen einer Führung möglich; hierfür muss man eine der örtlichen Reiseagenturen kontaktieren.

NATIONAL BOTANICAL GARDENS Ⓚ ★2 a/b3

Lohnend ist der Besuch des üppigen Botanischen Gartens an der Mont Fleuri Road im Süden Victorias. Hier kann man sich einen Überblick über die Seychellen-Flora verschaffen oder ersten Kontakt zur hiesigen Tierwelt aufnehmen (tgl. 8–17 Uhr; Eintritt ca. 6 €). › mehr S. 12 Punkt ❶ und S. 15 Punkt ㉓

Am Eingang kann man eine Broschüre mit Beschreibungen der im Garten wachsenden einheimischen und importierten Baumarten erwerben, gleich in der Nähe stehen einige Seychellennusspalmen *(Coco de Mer)* › S. 112. Rechts, im hinteren Teil, liegt ein schöner **Orchideengarten**, geradeaus am Berg kann man sich im kleinen Imbissrestaurant **Le Sapin** (So geschl.) stärken.

Gleich neben dem Botanischen Garten befindet sich das **Seychelles Hospital** Ⓛ b3. Das ehemalige Hauptgebäude mit seiner breiten Veranda ist ein sehenswertes Beispiel kolonialer Architektur.

VERKEHR

- **Busse:** Der zentrale Busbahnhof liegt in der Palm Street b1.
- **Taxen:** Standplätze in der Independence Ave. (vor der Barclay's Bank) b2 und in der Albert St. (beim Clock Tower) a2.
- **Fährverbindungen:** Vom Inter Island Quay c1 aus legen die Fähren nach Praslin und La Digue › S. 26 ab.
- **Hubschrauber:** Der Helistop Victoria c1 ist der Hubschrauberlandeplatz von Zil Air › S. 26 und Ausgangspunkt für Rundflüge und Transfers.

HOTELS

Direkt in Victoria gibt es keine Unterkünfte für Touristen, einige kleine Hotels findet man aber in der näheren Umgebung, z. B.

Hotel Bel Air €€

Frühstückspension im Kolonialstil mit familiärer Atmosphäre und Restaurant; ca. 15 Min. zu Fuß vom Zentrum.

- Bel Air | Tel. 4224416 | www.hotelbelair.sc

FLITTERN UNTER PALMEN

Ein Ja-Wort am Strand unter Palmen ist etwas ganz Besonderes

Hochzeiten unter tropischer Sonne liegen seit einiger Zeit voll im Trend, und vieles spricht dafür: Man hat die Freiheit, sich das Jawort romantisch am Strand oder unter Palmen zu geben, und kann dem Trubel einer großen Feier entgehen. Zudem sind auf den Seychellen sowohl die Formalitäten als auch die Kosten für die Zeremonie gering, und die Ehe wird problemlos in der EU anerkannt. Zur Vorlage bei den Heimatbehörden muss man nach der Rückkehr lediglich eine beglaubigte Übersetzung der Heiratsurkunde anfertigen lassen.

Für viele Paare ist das Inselparadies auch ein Traumziel für die Flitterwochen. Die meisten größeren Hotels verfügen über Honeymoon-Suiten und überraschen mit kleinen Extras, wenn man bei der Buchung angibt, dass man hier die Flitterwochen verbringt – und beim Einchecken die Heiratsurkunde vorlegt.

Brautkleider und Anzüge werden von den Fluggesellschaften in der Kabine befördert (Wünsche schon bei der Buchung angeben).

FORMALITÄTEN

Der erste Schritt in die Ehe ist die Kontaktaufnahme mit dem zentralen Standesamt in Victoria (Civil Status Office, Tel. 4293604, civilstatus@seychelles.sc, Mo–Fr 8–12 und 13–16 Uhr), um einen Termin für die Trauung festzulegen. Tipp: Legen Sie Ihren Termin am besten in die regenarme Zeit von Mai bis September, dann herrschen angenehme Temperaturen.

Trauungen auf dem Standesamt selbst finden dienstags und donnerstags von 9.30 bis 11 Uhr statt. Je früher man mit den Vorbereitungen beginnt, desto eher lassen sich Wunschtermine und Sonderwünsche realisieren. Man ist hier recht flexibel und versucht, den Brautpaaren möglichst entgegenzukommen.

Die zukünftigen Ehepartner benötigen lediglich Reisepässe, Geburtsurkunden und Nachweise über den Familienstand (z.B. Scheidungspapiere). Fremdsprachige Dokumente müssen übersetzt (Englisch oder Französisch) und dann einfach vorab ans Standesamt gefaxt oder als E-Mail-Anhang gesandt werden. Bei der Trauung legt man die Originale vor. Wenn man keine Trauzeugen mitbringt, finden sich schnell Freiwillige vor Ort.

WUNSCHKULISSE

Natürlich ist es stimmungsvoller, die Zeremonie im Hotel statt im Standesamt zu halten. Die meisten Häuser auf Mahé, Praslin und La Digue haben hierfür geeignete Räumlichkeiten – wie etwa einen Pavillon am Wasser oder im Garten – und bieten ein Rahmenprogramm nach Ihrem Wunsch. Auf Mahé und Praslin werden dem Standesbeamten die Anfahrtskosten zum Hotel erstattet, auf anderen Inseln die komplette Anreise. Einige der exklusiven kleinen Hotelinseln bieten gegen entsprechenden Aufpreis komplette Hochzeitsarrangements, für die dann der Standesbeamte eigens eingeflogen wird – auf Kosten des Brautpaars selbstverständlich.

HOCHZEIT IM PAKET

Generell ist es möglich, zur Vereinfachung aller Formalitäten und organisatorischen Details bei einem spezialisierten Reiseveranstalter zu buchen. Auf diese Art lassen sich auch ausgefallenere Trauungen realisieren, z.B. auf kleinen, entlegenen Inseln oder auf Schiffen.

ABER BITTE MIT SEGEN

In der Regel wird standesamtlich geheiratet, doch auch kirchliche Trauungen sind möglich – am einfachsten katholische. Hierzu sollte man in der Heimat frühzeitig einen Vertreter seiner Glaubensgemeinschaft konsultieren.

SPEZIALVERANSTALTER

- **Honeymoon Highlights**
  Kaiserstr. 33 | 40479 Düsseldorf
  Tel. 0211 93 65 34 53
  www.honeymoon-highlights.de
- **Honeymoon Travel**
  Königsberger Str. 8
  21244 Buchholz
  Tel. 04181 9995312
  www.honeymoontravel.de

Romantik bis ins letzte Detail

Karte S. 79

RESTAURANTS

Coco Blu €€

Restaurant im Obergeschoss mit Steaks, Pizza, Eis und Cocktails. Mit Blick auf den Uhrturm und die Independence Avenue.

- Francis Rachel Street/State House Ave. Victoria | Tel. 4323556
  Mo–Do 11–23, Fr 11–18, Sa 18–23 Uhr
  www.fb.com/CocoBluSeychelles

Marie Antoinette €€

Beliebtes Traditionsrestaurant im Bergland oberhalb von Victoria, an der Straße nach Beau Vallon. Serviert wird gute kreolische Küche. > **mehr S. 14 Punkt 16**

- St. Louis Rd. | Victoria | Tel. 4266222
  Mo–Sa 12–14.30 und 18.30–21 Uhr

Doubleclick €

Internationale Küche; auch Internet-Café, beliebt bei jungen Leuten.

- Maison La Rosière | Palm Str. Victoria | Tel. 4224796
  Mo–Fr 8–21, Sa 9–20, So 9–12 Uhr

News Café €

Direkt in der Einkaufsmeile, europäische Küche, mit Ausblick auf die Einkaufsstraßen; Sandwiches, Kuchen, Salate.

- Trinity House | Albert St. | Victoria
  Tel. 4322999
  Mo–Fr 8.30–17, Sa 8.30–14 Uhr, abends und So/Fei geschl.

Sam's Pizzeria €

Frische Steinofenpizza und Fischgerichte mitten in Victoria.

- Francis Rachel St. | Victoria
  Tel. 4322499
  tgl. 11–15 und 18–23 Uhr

SHOPPING

In der im Kolonialstil erbauten Camion Hall in der 66 Street a2 liegt das **Codevar Craft Centre**, eine gute Adresse für Kunsthandwerk. Hier finden Sie auch ein Geschäft, das sich auf Knöpfe aus Kokosnüssen, Muscheln und Schneckengehäusen spezialisiert hat.

Farbenfroher Souvenirshop an der Francis Rachel Street

An den **Ständen am Clock Tower** in der Francis Rachel Street kann man nach CDs und Souvenirs Ausschau halten. > mehr S. 17 Punkt 34

Bücher, Karten und Schreibwaren führt die Buchhandlung **Antigone Trading Book Shop** in den Victoria House Arcades (beim National Museum).

Der **Victoria Bazar** findet jeden Freitag an der Latanier Road gegenüber vom International Conference Center statt. Hier gibt es Lebensmittel, Kunsthandwerk, Essen und Musik vom Nachmittag bis in den späten Abend.

BEAU VALLON BAY

2 ★ C2

Offiziell trägt sie den Namen North West Bay, aber in fast allen Karten ist sie unter dem verheißungsvoll klingenden Namen Beau Vallon Bay (»Schöntälchenbucht«) verzeichnet. Tatsächlich zählt die große Bucht im Nordwesten Mahés zu den schönsten und beliebtesten der Insel. Mehrere Kilometer lang schmiegt sie sich in weitem Bogen an einen steilen Berghang. Makellos weiß ist der Sand, der sich bis ins tiefe, von keinen Felsen unterbrochene Wasser fortsetzt. Kokospalmen und Takamakabäume recken ihre Kronen weit über den Strand und spenden Schatten, den man angesichts der prallen Tropensonne zu schätzen weiß. > mehr S. 15 Punkt 27

Durch die landeinwärts vorbeiführende Hauptstraße nicht gestört, aber gut zu erreichen, entwickelte sich die Bucht zum touristischen Mittelpunkt von Mahé. Hier wurde das allererste Strandhotel errichtet; heute sind es ein paar mehr, und in der Umgebung kommen laufend kleinere Unterkünfte wie auch Restaurants dazu. Auch viele Seycheller kommen gern zum Baden hierher, doch bietet der Strand genug Platz für alle und ist nicht überlaufen. > mehr S. 18 Punkt 40

An der Stichstraße zwischen Hauptstraße und Strand findet jeden Mittwoch ein besonderer Markt namens **Labrin** (»Dämmerung«) statt: Hier biegen sich die Marktstände unter dem Angebot an exotischem Obst. > mehr S. 13 Punkt 12 Die Einheimischen kaufen sich Essen und Getränke und ziehen damit einfach ein paar Schritte weiter, zu einem ausgedehnten Strandpicknick bei Sonnenuntergang. > mehr S. 12 Punkt 6 und S. 14 Punkt 17

Keine Wünsche lässt die von den Hotels und kleinen Unternehmen angebotene Wassersportpalette offen: Man kann Katamarane und Surfbretter leihen oder Wasserski fahren. Motorisierter Wassersport ist nur in der Beau Vallon Bay erlaubt. Schnorchel-Ausflüge mit einem Glasbodenboot oder Tauch- und Hochseeangelausflüge kann man hier buchen, sie starten meist in Victoria, doch oft ist die Abholung am Hotel inbegriffen. > mehr S. 12 Punkt 3

In der Zeit zwischen Dezember und März, wenn der Nordwestmonsun direkt in die Bucht bläst und manchmal eine eindrucksvolle Brandung aufbaut, macht es Spaß,

Von April bis Oktober ist das Wasser an der Beau Vallon Bay ruhig

in den Wellen zu toben oder sich mit einem kleinen Brett im Bodysurfing zu versuchen.

BEAU VALLON C2 UND BEL OMBRE C2

Etwas oberhalb der Bucht von **Beau Vallon** liegt die gleichnamige Ortschaft mit einer Tankstelle, einem Polizeirevier und einer kleinen Bankfiliale. Dort zweigt eine Straße nach Westen zum Nachbarort **Bel Ombre** ab, dessen Kirchturm gut sichtbar über die Palmenwipfel ragt: Die Sonntagsgottesdienste in der katholischen Kirche St. Roch, ganz besonders die Messen an den hohen kirchlichen Feiertagen, sind immer gut besucht. Die hübsche Kirche wurde vor einigen Jahren mit großem Aufwand renoviert und ist von vielen der Hotels aus leicht zu erreichen (von Beau Vallon aus als Strandspaziergang) – eine gute Gelegenheit, den so wichtigen Glaubensaspekt der Seycheller kennenzulernen. Die (meist sehr frühen) Termine der Messe erfahren Sie an der Hotelrezeption.

Am Westrand der Bucht liegt die kleine Gemeinde **Danzilles** C2, von dort kann man in Richtung der malerischen **Anse Major** 3 B2/3 wandern › S. 74.

HOTELS

Le Méridien Fisherman's Cove €€€
Luxuriöse und traditionsreiche Anlage in ruhiger Lage am äußersten westlichen Rand der Beau Vallon Bay. Schickes Spa mit Aromatherapie, Massagen usw.; großes Wassersportangebot inklusive Tauchbasis.

- Bel Ombre | Tel. 4677000
  www.lemeridien.com/fishcove

Treasure Cove Hotel & Restaurant €€€
Kleines Zehn-Zimmer-Hotel am Hang oberhalb von Bel Ombre mit schönem Blick auf die Bucht. Nicht für Kinder unter zehn Jahren.
• Bel Ombre | Tel. 4295151
www.treasurecove.sc

Augerine Hotel €€
Gemütliches kleines Hotel mit 15 recht üppig ausgestatteten Zimmern bzw. Suiten mit Meerblick. Besonders originell ist das Strandrestaurant: Das Dach bilden die Wurzeln eines auf den Kopf gestellten Takamakabaums.
• Beau Vallon | Tel. 4247257
www.augerinehotel.com

Sun Resort €€
Kleine Anlage in mediterranem Stil, etwas abseits vom Strand (3 Min. Fußweg); z. T. für Selbstversorger eingerichtet, aber es gibt auch ein Restaurant.
• Beau Vallon | Tel. 4285555

RESTAURANTS

La Scala €€€
Italienische Küche, schöner Meerblick.
• Danzilles | Tel. 4247535
Mo–Sa 19.15–21.30 Uhr, Juni geschl.

La Perle Noire €€–€€€
Hervorragende kreolische Fischgerichte und internationale Küche; Veranda mit Tropengarten.

DER SCHATZ VON LA BUSE

Zu Beginn des 18. Jhs. trieb der Pirat Olivier Levasseur sein Unwesen im Indischen Ozean und fügte der Handelsschifffahrt großen Schaden zu. Wegen seiner überraschenden, blitzartigen Überfälle wurde er »La Buse«, der Bussard, genannt. Man nimmt an, dass Seeräuber die Seychellen bereits vor deren offizieller Entdeckung regelmäßig aufsuchten, um Trinkwasser aufzunehmen und ihre Schiffe zu überholen. Warum sollte also La Buse bei einem Besuch nicht auch seine kostbare Beute irgendwo auf den Inseln vergraben haben? Verbürgt ist jedenfalls, dass Levasseur 1730 von französischen Militärs gefangen genommen und auf Réunion hingerichtet wurde. Als der Henker die Schlinge um seinen Hals legte, soll La Buse einen Plan herausgezogen und mit den Worten »Wer ihn entziffert, soll meinen Schatz haben« in die Menge geworfen haben.

Anfang des 20. Jhs. tauchte der angebliche Plan des »Bussards« auf den Seychellen auf, und man deutete eine gewisse Stelle in Bel Ombre, Mahé, mit rätselhaften Zeichen an den Felsen als den gesuchten Platz. Als aber nichts weiter als Scherben und Gebeine zum Vorschein kamen, wurden die Grabungen schnell wieder eingestellt. Erst der Engländer Reginald Cruise-Wilkins nahm sich der Sache wieder an, als er 1948 auf die Seychellen kam. Den Rest seines Lebens widmete er der Suche nach dem legendären Schatz in Bel Ombre sowie nach Geldgebern, die er immer wieder aufzutreiben vermochte. Inzwischen ist Sohn John in die Fußstapfen seines Vaters gestiegen und recherchiert unverdrossen weiter.

• Beau Vallon | Tel. 4620220
Mo–Sa 19–21.30 Uhr, So geschl.

Boat House €–€€
Authentische kreolische Küche, abends Büfett mit über 20 einheimischen Spezialitäten, in entspannter Atmosphäre und toller Lage. > **mehr S. 14 Punkt ⓮ und Punkt ⓳**
• Beau Vallon | Tel. 4247898
tgl. 12–15 und ab 19.30 Uhr

Baobab Pizzeria €
Italienische Gerichte am Strand.
• Beau Vallon | Tel. 4247167
tgl. 12–16, 18–22.30 Uhr

DIE NORDHALBINSEL

Zwischen Beau Vallon > **S. 86** und dem schön gelegenen Dörfchen **Glacis** 4 C1 findet man immer wieder zwischen den Felsen versteckte kleine Sandbuchten. Im Ort selbst beginnt eine kleine, lohnende Wanderung hinauf zum Wasserreservoir La Gogue und weiter an die Ostküste nach Anse Étoile.

Östlich der Nordspitze (North Point) liegen an der Hauptstraße entlang der Küste Strände wie der **Carana Beach** 5 D1 der bei Surfern beliebt ist, aber zum Schwimmen recht gefährlich. Im Schatten einiger Felsen und Bäume kann man hier rasten und die wunderbare Aussicht genießen.

In **Anse Nord d'Est** 6 D1 findet man die Parfümerie Kreolfleurage, bei der man nicht nur exotische Duftwässerchen erstehen kann, sondern auch fachkundige Erläuterungen dazu erhält.

An der kleinen **Anse Étoile** 7 D2 mit dem gleichnamigen Ort mündet der Wanderweg von Glacis.

BRENDON GRIMSHAWS INSEL

Die Insel Moyenne liegt, wie ihr Name vermuten lässt, mitten in der Inselgruppe des Ste. Anne Marine National Park. Ein Wanderweg führt durch das nur 10 ha große, dicht bewachsene, hügelige Eiland. Man findet dort Piratengräber und schöne Aussichtspunkte. Zur Einkehr verführt das gute Inselrestaurant »Jolly Roger's«, bei dem auch schon mal eine Riesenlandschildkröte vorbeikommt, um die Gäste zu begrüßen oder auch nur, um zu sehen, ob vielleicht ein Stück Papaya abfällt. Über hundert Riesenlandschildkröten und über 2000 Vögel nennen die Insel ihr Zuhause. Bis zu seinem Tod im Alter von 87 Jahren (2013) lebte hier mehrere Jahrzehnte lang der Exilbrite Brendon Grimshaw, der es wie kaum ein anderer verstand, seine Gäste mit kurzweiligen Anekdoten zu unterhalten – von Piraten, Geistern oder jenem Schatz, der auf Moyenne versteckt sein soll. Grimshaw selbst gab die Suche danach auf, als er beinahe von zwei herabfallenden Kokosnüssen getroffen wurde und dies als Warnung deutete. Auch heute noch besuchen viele Menschen die Insel im Rahmen organisierter Ausflüge – auf die spannenden Geschichten des Insel-Originals müssen sie nun leider verzichten.

HOTELS

CaranaBeach €€€

Familienfreundliches Hotel. Die 40 Chalets liegen strand- und stadtnah und haben Meerblick.

- North East Point | Tel. 4383333
  www.caranabeach.com

Hilton Seychelles Northolme Resort & Spa €€€

Herrliche Anlage mit 40 exklusiven Villen in landestypischem Stil, am Meer südl. von Glacis, mit kleinem Sandstrand.

- Glacis | Tel. 4299000
  www.seychelles.hilton.com

Manresa Small Hotel €

Fünf einfache Zimmer mit Meerblick und ein Restaurant mit kreolischer Küche; 1,5 km vom Carana Beach entfernt.

- Anse Étoile | Tel. 4241388
  manresa@intelvision.net

RESTAURANTS

The Boardwalk Bar and Grill €€€

Gutes Essen, begleitet von leckeren Cocktails.

- Eden Island Marina House
  Roche Caiman | Victoria
  Tel. 4346622 | tgl. 8–24 Uhr

Rockpool Seafood Bar & Grill €€

Fusionsküche mit Meeresfrüchten und Fleisch, auch vegetarische Gerichte.

- Glacis (Vista do Mar) | Tel. 4242672
  Di–Sa 15–22, So 11–18 Uhr, Mo geschl., Happy Hour Di–Sa 17–19, So 15–18 Uhr

SHOPPING

Kreolfleurage

Exotische Parfüms mit exotischen Namen wie Ambre Vert, Bambou oder Bwanwar.

› mehr S. 18 Punkt 39

- Anse Nord d'Est | Tel. 4241329
  www.kreolfleurage.com
  Mo–Fr 9–17, Sa 9–14 Uhr

STE. ANNE MARINE NATIONAL PARK 8 E/F2–3

Vor Mahés Ostküste erstreckt sich der Meeresnationalpark rund um die fünf kleinen Inseln Sainte Anne, Cerf, Long(ue), Moyenne und Ronde/Round. Der Fischreichtum des Meeresschutzgebietes ist besonders groß, weil die Tiere zum Teil gefüttert werden.

Ausflugsfahrten zum Ste. Anne Marine National Park bieten die örtlichen Reiseunternehmen an. Die Boote starten meist von der Anlegestelle der Marine Charter Association direkt an der 5th June Avenue, Victoria. Für Schiffsausflüge ab Mahé wird ein Boot mit einem verglasten, tiefen Rumpf benutzt, in dem die Passagiere sitzen und in die Unterwasserwelt hinaussehen können – eine bequeme und eindrucksvolle Art, sich mit dem Meeresleben der Seychellen vertraut zu machen, ohne nass zu werden. Bei den Ausflügen sind oft ein Schnorchelgang und der Besuch der Inseln Cerf oder Moyenne zum Mittagessen vorgesehen. › mehr S. 14 Punkt 21

Seit einigen Jahren gibt es auf **Cerf** E3 (1,3 km²) Unterkünfte, und weitere auf **Round** F3. Das Hotel auf **Ste. Anne** E/F2 wird derzeit renoviert und soll vermutlich 2020 als Club Med wieder eröffnet werden.

Hinter jeder Kurve der Sans Souci Road wartet ein umwerfender Ausblick

Zwischen Mahé und Cerf Island entstand vor wenigen Jahren eine künstliche neue Insel namens Eden Island E3, die ein Steg mit der Hauptinsel verbindet. Während es für Ausländer ansonsten sehr schwierig ist, auf den Seychellen Grundstücke zu erwerben, steht diese Kunstinsel zum Verkauf. Wer hier eine Immobilie erwirbt, erhält zugleich eine Aufenthaltsgenehmigung (www.edenisland.sc).

HOTELS

Cerf Island Resort €€€
Exklusive Zimmer in 24 eleganten Villen in üppiger Vegetation auf Cerf Island.
- Cerf | Tel. 4294500
  www.cerf-resort.com

Enchanted Island Resort €€€
Chalets mit jeweils eigenem Strandzugang und Infinity-Pool; Restaurant.
- Round | Tel. 4672727
  www.jaresortshotels.com

L'Habitation des Cerfs €€€
Kleines Inselhotel im Stil eines Pflanzerhauses mit 14 Gästezimmern; kreolisches Restaurant.
- Cerf | Tel. 4323111
  habicerf@seychelles.net

South Point Villas €€€
Vier Luxusvillen für Selbstversorger (je bis zu sechs Personen). Fähre nach Mahé gratis (15 Minuten).
- Cerf | Tel. 4224097
  www.southpointvillas.com

DIE SANS SOUCI ROAD 3 D3–C4

Wenn man am Rande von Victoria › S. 77 in die Bel Air Road abbiegt, gelangt man zur rund 14 km langen Sans Souci Road, einer der spektakulärsten Strecken quer über die Insel, die an zahlreichen Sehenswürdigkeiten vorbeiführt.

Auf der steilen Passstraße passiert man zunächst die Ausgangspunkte für die Wanderungen zur den Trois Frères › S. 74 und zur Copolia › S. 75.

Einen ersten Ausblick auf die Westküste erlebt man bereits an den Ruinen der ehemaligen **Mission Lodge** 9 D4, auf die man kurz hinter der Passhöhe (in ca. 500 m ü.d.M.) trifft. Eine Allee riesiger Drachenblutbäume *(sandragon)* führt zum Aussichtspunkt mit Picknickplatz. Kirchliche Organisationen errichteten die Lodge 1875 als Herberge für befreite Sklaven. In Venn's Town, wie der Ort seinerzeit hieß, entstand auch eine der ersten Schulen der Seychellen.

Einen Halt sollten Sie auf jeden Fall auch bei der **Tea Factory** 10 C4 einlegen. Führungen durch die Fabrik geben einen Eindruck vom Prozess der Teeverarbeitung. Außerdem ist hier die Auswahl einheimischer Tees am größten (Mo–Fr 7–16 Uhr). › mehr S. 18 Punkt 41

Die Teebüsche wurden 1962 aus Kenia eingeführt und gediehen in dieser niederschlagsreichen Berggegend so gut, dass heute der Eigenbedarf des Landes an Tee gedeckt werden kann. Die Anbaufläche nimmt mittlerweile etwa 110 ha ein. In kleinen, polsterähnlichen Büscheln wächst auf den Feldern ringsum außerdem Zitronengras, das ebenfalls in der Teefabrik verarbeitet wird.

Oberhalb der Tea Factory weist ein Schild den Weg auf den **Morne Blanc** C4 (667 m) – ein kurzer, doch nicht zu unterschätzender Aufstieg, der aber wegen der grandiosen Aussicht auf jeden Fall lohnt (240 Hm, 2 Std. hin und zurück).

Westlich der Teefabrik führt die Straße sehr kurvenreich hinunter nach **Port Glaud** 11 C4. Hinter jeder Biegung eröffnet sich ein anderer Ausblick – zumindest für die Mitfahrer, denn am Steuer ist volle Konzentration gefordert. Halten Sie daher ruhig einmal an einer übersichtlichen und geeigneten Stelle an, um die herrliche Aussicht auf die Westküste mit ihren türkisfarbenen Lagunen und den vorgelagerten Inseln zu genießen.

TOLLE AUSBLICKE

- Einen Überblick über ganz Victoria und das Hafenbecken bekommen Sie von **Bel Eau,** der Kurve in der Liberation Road nördlich des Botanischen Gartens. › S. 81
- Vom Aussichtspunkt **Trois Frères** haben Sie einen Rundblick auf fast den gesamten Norden Mahés. › S. 74
- Das Gipfelplateau der **Copolia** eröffnet herrliche Blicke auf den gesamten Nordteil der Ostküste und die Nachbarinseln im Osten. › S. 75
- Von der **Montagne Brûlée** eröffnet sich ein weiter Blick auf den Süden Mahés und beide Küsten. › S. 76
- Von der **Mission Lodge** erblicken Sie Grand' Anse und andere Abschnitte der Westküste. › S. 91

HOTEL

Villa Vanilla €€€

Familienpension mit sechs Gästezimmer und einer Ferienwohnung für bis zu fünf Personen.

- Belle Vue, Port Glaud | Tel. 2585026
  www.villavanillasey.com/de

PORT LAUNAY 12 B3 UND BAIE TERNAY 13 B3

Prächtige Ausblicke aufs Meer und die beiden Inseln Thérèse und Conception bieten sich von der schmalen Küstenstraße aus, die von Port Glaud anfangs durch Mangrovensumpfgebiet in Richtung Nordwesten verläuft. Etwa 1,5 km nordwestlich von Port Glaud wartet **Port Launay** mit einem Bilderbuchstrand auf, der Sie zum Schwimmen und Schnorcheln einlädt. Für Sportbegeisterte bietet das Gelände des Ephélia-Hotels spannende Möglichkeiten. > mehr S. 12 Punkt 4

Nördlich von Port Launay liegt die **Baie Ternay,** eine hübsche, zwischen Felsen eingebettete Sandbucht. Das vorgelagerte Korallenriff ist ein hervorragendes Schnorchelrevier und als **Marine National Park** geschützt. Der Fahrweg endet hier; weiter zur Beau Vallon Bay > S. 85 führt nur ein kleiner Pfad.

HOTEL

Constance Ephélia Seychelles €€€

Luxushotel mit 313 Zimmern, Suiten und Villen unterschiedlicher Größe, eigenem Zugang zu zwei herrlichen Stränden und einem »Spa Village« im hoteleigenen Tropengarten.

- Port Launay | Tel. 4395000
  www.epheliaresort.com

GRAND' ANSE 14 ★ D4

Südlich von Port Glaud findet man die großartigste Bucht von Mahé. Sie blieb bisher völlig naturbelassen und hat feinen, makellos weißen Sand. Grand' Anse hat kein vorgelagertes Korallenriff, dafür rollen wunderschön anzusehende, glasklare Wellen direkt auf den Strand.

Intakte Korallenriffe bieten bunten Fischen Lebensraum

Vorsicht vor Unterströmungen! Wird man erst einmal hinausgezogen, ist an Rettung kaum zu denken – Boote sind nicht vorhanden, und meist halten sich nur wenige Leute am Strand auf.

In den Bergen oberhalb von Grand' Anse, an der La Misère Road, liegt das Atelier des Malers und Bildhauers Egbert Marday, der mit vielen unterschiedlichen Medien arbeitet – von Holz über Gips und Metall bis zu Ton und Harz.

HOTEL

Avani Seychelles Barbarons Resort & Spa €€€

Die große Anlage bietet alle Annehmlichkeiten. Strandwanderer und Jogger schätzen den weiten Hotelstrand. Das Meer ist eher flach und mit Korallengestein durchsetzt.

- Barbarons | Tel. 4673000
  www.avanihotels.com

SHOPPING

Kreasyon Beau-et-Mien

Atelier des Malers und Bildhauers Egbert Marday

- La Misère | Tel. 4378456
  Mo–Sa 8–18 Uhr, So n. V.

ANSE BOILEAU 15 E5 UND ANSE LOUIS 16 E6

In die von einem Korallenriff abgeschlossene flache Bucht **Anse Boileau** mündet von Norden her der Caiman River. In ihm könnten die französischen Entdecker – wenn sie denn hier an Land gegangen sein sollten › S. 95 – die im Logbuch von Lazare Picault erwähnten Krokodile beobachtet haben, die es damals noch auf den Seychellen gab. Sie überlebten die Ankunft der Menschen jedoch nur wenige Jahre.

Südlich schließt vor einer Landzunge der wenig besuchte kleine Strand der **Anse Louis** an, der mit seinem herrlichen puderweißen Sand lockt. Dahinter sind über den kleinen Hügel der Halbinsel die Villen des Maia Luxury Hotel versprengt, die mit ihren spitzen Dächern aus der Entfernung wie riesige Pilze aussehen.

HOTEL

Maia Luxury Hotel & Spa €€€

30 luxuriöse, stilvoll eingerichtete Villen in ruhiger Strand- oder Hanglage, breitgefächertes Spa-Angebot, spezielles Programm für Kinder.

- Anse Louis | Tel. 4390000
  www.maia.com.sc

ANSE À LA MOUCHE 17 E6

Die von einem Korallenriff abgeschlossene Anse à la Mouche besitzt einen schönen Strand mit sehr flachem Wasser, ideal für Kinder. Bei Ebbe fällt die Bucht zum Teil sogar völlig trocken und bietet dann der Dorfjugend ausgedehnten Platz für ausgiebige Fußballspiele.

Im Zentrum der Bucht biegt nach rechts die Les Cannelles Road ab, an der einige Hundert Meter landeinwärts der Bildhauer Tom Bowers seine Werkstatt hat. Sollten Sie an

Der Künstler Michel Adams malt Motive von den Seychellen, hier einen Bambus

einem exklusiven Souvenir von den Seychellen interessiert sein, lohnt sich der Besuch bestimmt (Tel. 4371518, Mo–Sa 10–16.40 Uhr).

› mehr S. 17 Punkt 36

HOTELS

Blue Lagoon Chalets €–€€
Vier modern ausgestattete Selbstversorgerbungalows mit je zwei Schlafzimmern und großen Wohnzimmern; riesiger, sehr gepflegter Garten – toll auch für Kinder.

- Anse à la Mouche | Tel. 4371197

La Résidence Villas & Studios €
Komfortable Bungalows und Apartments für Selbstversorger, schön oberhalb der Bucht gelegen.

- Anse à la Mouche | Tel. 4371733
  www.residence-seychelles.com

ANSE SOLEIL 18 D6 UND PETITE ANSE 19 D7

Über einen schmalen Weg erreicht man von der Hauptstraße aus die schönen, abseits gelegenen Strände Anse Soleil und Petite Anse. Beide empfehlen sich zum Baden und Schnorcheln und sind oft menschenleer, außer an Sonntagen, wenn die Seycheller zum Picknick hierherkommen. Die von Schatten spendenden Takamakabäumen und rotbraunen Granitfelsen eingerahmte Petite Anse wird zu Recht als eine der schönsten Buchten Mahés bezeichnet, die 20 Minuten Fußweg zum Strand lohnen sich.

An der Hauptstraße, bei der **Anse aux Poules Bleues** D7, hat in einem hübschen kreolischen Haus der bekannteste Maler der Seychellen, Michael Adams, sein Atelier eingerichtet (Tel. 4361006, www.michaeladamsart.com, Mo–Fr 10–16, Sa 10–12 Uhr). Der gebürtige Engländer ließ sich 1972 auf Mahé nieder. Seine Bilder mit Motiven aus dem Alltag der Seycheller sind inzwischen nicht nur in Galerien der Insel, sondern auch in Europa zu finden.

HOTEL

Anse Soleil Beachcomber €€
Die nette, kleine Pension liegt direkt an der reizvollen Anse Soleil. Hier kann man auch eine Erfrischung und einen Imbiss bekommen.

- Anse Soleil
  Tel. 4361461
  www.ansesoleilbeachcomber.com

NIGHTLIFE

Club Liberté / 5 Spices Restaurant
Spielkasino mit Automaten und Tischen, Live-Unterhaltung, Sportübertragungen, Restaurant, Sushi-Bar.
- Petite Anse | Tel. 4303539
  www.casino-liberte.com | tgl. 12–4 Uhr

BAIE LAZARE 20 D/E7

Ihren Namen erhielt die Bucht von dem französischen Kapitän Lazare Picault, dessen Mannschaft Mahé 1742 entdeckte. Ein Denkmal neben der Straße erinnert an diese historische Begebenheit › unten.

Heute ist Baie Lazare auch eine Bucht der Künstler: Im Ort Baie Lazare geht es bei der Tankstelle rechts zum kleinen Atelier des Malers Donald Adelaide, dessen Bilder die intensiven Farben der Seychellen widerspiegeln (Tel. 2574853, Mo–Sa 9 bis 18 Uhr). Im Valmer Resort gibt es eine Galerie des Malers Gerard Devoud (tgl. 8–15 Uhr). Und in der Anse Gouvernement hat der italienischstämmige Bildhauer Antonio Filippin seine Yellow Gallery mit Studio (Tel. 2510977).

Am Sonntag lohnt ein Bummel über den lebhaften **Bazar Ovan** an der Roche Copra.

HOTELS

Four Seasons Resort €€€
Luxushotel mit 67 originellen Villen, die teilweise auf Stelzen zwischen den Baumwipfeln mitten im Dschungel stehen und tolle Aussichten bieten. Großes Freizeitangebot, paradiesische Poollandschaft und herrliches Spa.
- Baie Lazare | Tel. 4393000
  www.fourseasons.com/seychelles

DIE BUCHT DER ENTDECKER

1742 hatte Lazare Picault die Insel Mauritius verlassen, um einen direkten Seeweg von dort nach Indien auszukundschaften. Drei Monate war er bereits auf seinem Schiff »Elisabeth« umhergekreuzt, und der Wasservorrat ging zur Neige, als der Ausguck Land ankündigte. Beim Näherkommen entpuppte es sich als eine grüne, bergige Insel. Vor einer Bucht der Südwestküste ließ Picault Anker werfen und das Beiboot aussetzen. Ohne Schwierigkeiten erreichte die Mannschaft den sandigen, von Kokospalmen gesäumten Strand, an dem sie wenig später auf das ersehnte Süßwasser stieß. Der Kapitän taufte die Bucht »Port St. Lazare« und vermerkte in seinem Logbuch, dass sie keine Spuren von Menschen, dafür aber Unmengen von Vögeln und Fischen sowie etliche Landschildkröten und Krokodile gefunden hätten. Picault gönnte seiner Mannschaft fünf Tage Rast, ließ das Schiff mit Kokosnüssen und Schildkröten beladen und kehrte mit seiner Neuigkeit wieder nach Mauritius zurück. Experten, die sich mit Picaults Logbüchern näher beschäftigt haben, bezweifeln, dass die französischen Entdecker gerade dort an Land gingen, wo heute das Denkmal steht. Bestimmte Beschreibungen deuten eher auf die weiter nördlich gelegene Anse Boileau.

Kempinski Seychelles Resort €€€
Ein weiteres Luxushotel mit 143 Gästezimmern auf weitläufigem Gelände und mit umfangreichem Freizeitangebot. Auch für Kinder gut geeignet.
- Baie Lazare | Tel. 4386666
  www.kempinski.com/seychelles

Valmer Resort €€–€€€
Kleine Anlage für gehobene Ansprüche; Zimmer, Wohnungen und Chalets; auch für Selbstversorger; mit Restaurant.
- Baie Lazare | Tel. 4381555
  www.valmerresort.com

ANSE TAKAMAKA 21 E7, UND ANSE INTENDANCE 22 E8

Die **Anse Takamaka** mit ihrem feinen, strahlend weißen Sand und grandiosen Sonnenuntergängen ist ein idealer Ort für ein Sonnenbad oder für ein Picknick am Strand. Das Baden ist allerdings bei hohem Wellengang recht gefährlich.

Südlich davon, an der **Anse Intendance,** besaß bereits Beatle George Harrison ein Stückchen Land.

HOTEL

Banyan Tree Seychelles €€€
Jede der 60 Villen in Traumlage über dem Meer hat einen eigenen Pool und jeden erdenklichen Luxus; exklusiver Wellnessbereich.
- Anse Intendance | Tel. 4383500
  www.banyantree.com

RESTAURANT

Chez Batista €€
Gute kreolische Küche und fangfrische Fischgerichte kommen direkt am Strand auf den Tisch. Bei Einheimischen beliebt. Auch Bungalows. > **mehr S. 14 Punkt 15**
- Anse Takamaka | Tel. 4366300
  Mo–Sa 12.30–21 | So 13–16 Uhr
  www.chezbatista.com

Der Strand der Anse Intendance ist fast 800 m lang

DIE MONT FLEURI ROAD D3–F4

Von Victoria › S. 77 verlaufen zwei Straßen parallel entlang der Ostküste: Eilige nehmen die Bois de Rose Avenue zum Providence Highway, der einzigen Schnellstraße des Landes, die über Gelände verläuft, das vor einigen Jahren durch künstliche Landgewinnung entstand. Viel schöner ist aber die alte Küstenstraße, die Mont Fleuri Road. Sie führt am Botanischen Garten › S. 81 vorbei.

Wer an zeitgenössischer Malerei interessiert ist, sollte in **Les Mamelles** 23 E3 (Rechtsabzweig 1 km südlich von Plaisance) unbedingt beim Atelier von Gerard Devoud vorbeischauen (tgl. 8–19 Uhr).

Weiter südöstlich an der Mont Fleuri Road kommen Sie nach **Cascade** 24 E4 mit einer weiten Bucht und einem von hohen Felsen ins Meer stürzenden Bach, mit bunten Fischerbooten und einem kleinen Markt sowie der über der Küste thronenden Kirche St. Andrew's.

Kurz vor dem **Seychelles International Airport** F4 trifft die Mont Fleuri Road wieder mit dem Providence Highway zusammen.

ANONYME 25 F4

Das direkt vor dem Flughafen liegende Granitinselchen Anonyme haben die meisten Seychellenreisenden im Anflug schon einmal von oben gesehen. Die Gewässer um die 10 ha große Privatinsel mit ihrer vielfältigen Vegetation sind als schöne Schnorchelgebiete bekannt. Das kleine Inselhotel musste aber nach wenigen Jahren schließen.

ANSE AUX PINS 26 F5

Direkt an der Küstenstraße bei der Anse aux Pins liegt der **Seychelles Golf Club**, der älteste Golfplatz der Seychellen und der einzige auf Mahé. Gäste sind willkommen, die Ausrüstung können Sie im Klubhaus leihen (Tel. 2781902). Der Kurs hat zwar nur neun Löcher, erstreckt sich dafür aber äußerst attraktiv zwischen Kokospalmen. Ein Schild am Eingang warnt also aus gutem Grund vor herabfallenden Nüssen.

DER FLUGHAFEN

Der auch unter dem Beinamen »Pointe Larue« bekannte internationale Flughafen erlebt rund zwei Dutzend Starts und Landungen internationaler Flüge pro Tag. Er wurde ab 1969 gebaut und 2006 umfangreich renoviert. Da sich auf der bergigen Insel Mahé kein geeignetes Gelände fand, schüttete man die Lagune an der Pointe Larue zu und gewann so Land für eine gut drei Kilometer lange Start-/Landebahn. 1972 weihte Königin Elisabeth II. ihn ein. Ohne den Flughafen wären die Seychellen als eigenständiger Staat kaum überlebensfähig gewesen, und der Fremdenverkehr hätte nicht Fuß fassen können (Flughafen- und Flugplaninformationen: www.scaa.sc).

DOMAINE DE VAL DES PRÈS 27 ★ F5

Kurz nach der Abzweigung der Montagne Posée Road verweist ein Schild auf die Anlage. Deren Mittelpunkt ist **Gran Kaz,** ein renoviertes und mit Originalmöbeln ausstaffiertes Kolonialhaus aus dem Jahr 1870, das als Museum einen Eindruck vom Lebensstil einer reichen Pflanzerfamilie vermittelt.

Rund um das alte Haus steht ein Dutzend Pavillons, die an diverse Künstler und Kunsthandwerker vermietet sind. Sie bilden das **Craft Village** oder *Vilaz Artizanal.* Man kann beim Tischlern, Schnitzen, Flechten und Schneidern zusehen und die fertigen Objekte gleich erwerben (Mo–Sa 9–17 Uhr). Auch der zeitgenössische Künstler Colbert Nourrice hat hier sein Atelier, in dem Sie seine halbabstrakten Arbeiten bewundern können (Tel. 2519640, Mo–Sa 9–17 Uhr). Daneben gibt es ein typisches Wohnhaus einer Arbeiterfamilie aus dem 20. Jh. *(Lakaz Rosa)* und die **Maison de Coco** zu bestaunen, die alles rund um das Thema »Kokosnuss« bietet. > mehr S. 16 Punkt 30

LA PLAINE SAINT ANDRÉ 28 F6

Auf dem Gelände der ehemaligen Plantage La Plaine Saint André befindet sich die Schiffsmodellwerkstatt **La Marine Ltd.** Man kann zusehen, wie in kunstvoller Handarbeit maßstabsgetreue Modelle *(maket)* von alten Segelschiffen entstehen. In den großen Exemplaren stecken bis zu 1500 Arbeitsstunden (Mo–Fr 7.30–18 Uhr, Sa 8–17 Uhr, So 9–12.30 und 14–17 Uhr). > mehr S. 17 Punkt 32

Eine weitere Attraktion in dieser Gegend ist die Rumbrennerei **Takamaka Bay** (Besichtigung mit Verkostung: Mo–Fr 11.30–13.30 Uhr, ca. 15 €). > mehr S. 17 Punkt 33

ANSE ROYALE 29 F6

Eine der wenigen guten Möglichkeiten zum Schwimmen an dieser Seite der Insel besteht am Anfang des Ortes Anse Royale, der ältesten Siedlung der Seychellen. Parken Sie Ihr Fahrzeug am besten direkt am Strand (gegenüber der Tankstelle). Von hier sind es nur wenige Schritte bis zum Wasser, das von einem Korallenriff geschützt ist und schnell auf etwa drei Meter Tiefe abfällt.

JARDIN DU ROI 30 ★4 E6

Der Name Anse Royale (»königliche Bucht«) geht zurück auf den Jardin du Roi, den »Garten des Königs«, den die Franzosen 1772 in dieser Gegend anlegten, um den Gewürzanbau zu entwickeln > S. 54. Schon acht Jahre später brannten die Franzosen selbst diese Pflanzung nieder, weil sie eines ihrer eigenen Schiffe irrtümlich für ein feindliches hielten und fürchteten, man wolle ihre Pflanzen stehlen.

Zum heutigen Garten – einem Nachbau des Pflanzeranwesens – biegt man in Anse Royale rechts in

Die Werkstatt von La Marine ist einen Besuch wert

die Les Cannelles Road ein, bald danach geht es links ab (Hinweisschilder an der Straße). Der Abstecher lohnt sich, denn hier wachsen jene Pflanzen, die Gewürze wie Nelken, Zimt, Vanille, Pfeffer, Ingwer und Muskatnuss liefern. Ein Teil wird vor Ort zu Gewürzen, Arzneien und Kerzen verarbeitet und verkauft. › mehr S. 17 Punkt 35

Auf diversen Wanderwegen kann man das Gelände erkunden (tgl. 10–17.30 Uhr, 8 €), nach Anmeldung gibt es auch geführte Bergtouren. Ein kleines Restaurant mit herrlichem Blick aufs Meer bietet tropische Cocktails, Crêpes und kreolische Spezialitäten an (Tel. 4371313; tgl. 10–17.30 Uhr; €).

HOTELS

Demeure de Cap Macon €€€

Fünf Villen in verschiedenen Baustilen für 2–4 Personen, sehr ruhige Waldlage, 150 m vom Strand.

- Anse Forbans | Tel. 2711184
  www.demeuredecapmacon.com

Chalets d'Anse Forbans €€

Gut ausgestattete Bungalows für Selbstversorger am Strand.

- Anse Forbans | Tel. 4366111
  www.forbans.com

Le Relax Hotel & Restaurant €€

Oberhalb der Bucht gelegenes, sehr gut ausgestattetes Haus mit Pool. Restaurant mit u. a. indisch-kreolischer Küche.

- Anse Royale | Tel. 4382900
  www.lerelaxhotel.com

RESTAURANTS

Kafe Kreol €€

Beliebtes Restaurant mit guter kreolische Küche direkt am Strand.

- Anse Royale | Tel. 2606464
  tgl. 10–22 Uhr

La Plaine St. André €€

Edelrestaurant auf historischem Grund. Restaurantgäste erhalten 50 % Ermäßigung bei der Besichtigung der Rumbrennerei mit Verkostung. Reservierung.

- La Plaine St. André
  Tel. 4372010 | Mo–Sa 10–24 Uhr

PRASLIN

Feinsandiger Strand und glasklares Wasser – Praslin hat traumhaft schöne ruhige Buchten

Das Naturwunder Coco de Mer im UNESCO-Weltnaturerbe Vallée de Mai macht die zweitgrößte Seychelleninsel zum Muss. Die langen Sandstrände und kleinen Badebuchten sind besonders familienfreundlich.

Bei seiner zweiten Erkundungsfahrt zu den Seychellen im Jahre 1744 entdeckte Lazare Picault die Insel, der er den naheliegenden Namen »Île aux Palmes« gab. Dabei war Picault noch nicht klar, dass er die Heimat einer der seltensten und ungewöhnlichsten Pflanzen der Welt entdeckt hatte: der Seychellennusspalme, auch Coco-de-Mer-Palme genannt. Doch nicht nur diese bestimmt die Vegetation der Insel, die später zu Ehren eines französischen Diplomaten, des Herzogs von Praslin, umgetauft wurde. Auf Plantagen gedeihen Kokospalmen, Papayas, Mangos und Passionsfrüchte.

Im Vergleich zu Mahé hat die 37 km weiter nordöstlich gelegene zweitgrößte Seychelleninsel eher sanfte Hügel. Sie ist an der höchsten Stelle nur 367 m hoch. Daher fallen die Niederschläge nicht so reichlich aus wie auf Mahé, und in der Jahresmitte wird sogar die Wasserversorgung bisweilen unterbrochen.

Die gut 7000 Bewohner leben von Tourismus, Fischerei und Landwirtschaft. Die beiden Hauptorte sind Grand' Anse an der Südwestküste und Baie Ste. Anne im Südosten mit dem einzigen geschützten Hafen. Der dritte größere Ort liegt an der lang gezogenen Côte d'Or (Anse Volbert) im Nordosten, wohin es auch die meisten Touristen zieht.

Hauptattraktion ist das UNESCO-Weltnaturerbe Vallée de Mai mit den erwähnten Seychellennusspalmen. Schon allein ihretwegen kommt täglich eine große Anzahl von Besuchern auf die Insel. Dennoch ist Praslin wenig überlaufen, hat seinen Charme bewahrt und dazu Strände, die jene Mahés an Schönheit noch übertreffen – allerdings sind sie teilweise auch schwieriger zu erreichen.

Zwar sind die Straßen in gutem Zustand, doch ist es nicht möglich, die Insel mit dem Auto zu umrunden. Es gibt dafür einladende Wanderwege, und man kann – mit einigen Ausnahmen – besser als auf Mahé Fahrrad fahren. Mit dem Mietauto oder dem Bus ließe sich die Insel zwar an einem Tag kennenlernen, doch es lohnt sich, länger zu verweilen.

Spektakuläre Wolken und tolles Licht

TOUREN IN DER REGION

TOUR 7

FAHRT ÜBER DIE INSEL

ROUTE: Anse Volbert > Baie Ste. Anne > Anse Consolation > Grand' Anse > Anse Kerlan > Grand' Anse > Vallée de Mai > Baie Ste. Anne > Anse Volbert

KARTE: Seite 104
LÄNGE: ca. 35 km; 6 Std.
PRAKTISCHE HINWEISE:

- Für die Tour benötigt man einen Mietwagen.
- Das Gelände des Lémuria Resorts bei Anse Kerlan darf von Nicht-Gästen nur zu Fuß und nach vorheriger Anmeldung (Tel. 4281281) betreten werden.

TOUR-START:

Ausgangspunkt der Fahrt ist die Badebucht **Anse Volbert** 2 > S. 108 mit ihrem langen, feinsandigen Strand. Von der Côte d'Or führt die Tour Richtung Südosten zur **Baie Ste. Anne** 6 > S. 110. Eng am Rand der weitläufigen Bucht entlang geht es bis zu der Landzunge, welche die Baie im Süden begrenzt. Hier biegen Sie rechts ab auf eine Straße, die über gut 2 km in recht schlechtem Zustand und teilweise auch sehr steil ist, bis Sie an der idyllischen **Anse Consolation** d4 > S. 114 auf die Ausbaustrecke treffen. Hier sollten Sie auf jeden Fall einen Stopp einlegen, um die Seychellennusspalmen im **Fond Ferdinand** 11 > S. 113 zu bestaunen.

Nun verläuft die Küstenstraße reizvoll am Meer entlang durch die Ortschaft **Grand' Anse** 14 > S. 114 und vorbei am Flughafen Île des Palmes und der **Black Pearl Ocean Farm** 15 > S. 115, wo man sich über Austernzucht informieren und Perlenschmuck kaufen kann. Bei Anse Kerlan 16 > S. 118 empfiehlt es sich, das Auto stehen zu lassen und zu Fuß der Straße zu folgen, die kurz vor der **Pointe Ste. Marie** 17 > S. 118 wieder zur Küste zurückkehrt. An diesem Abschnitt hat man eine wunderbare Aussicht auf die Insel Cousin. Die ruhigen Strände bieten sich für eine Halbzeitpause an.

Danach fahren Sie zunächst auf derselben Strecke wieder zurück, biegen aber etwa 1 km hinter Grand' Anse zur **Vallée de Mai** 9 > S. 113 nach links ab. Das Tal gehört zum UNESCO-Weltnaturerbe. Es lohnt sich, es auf einer Wanderung zu besichtigen > Tour 9 S. 106. Etwa 600 m unterhalb des Parkplatzes sehen Sie übrigens am Straßenrand einen Wasserfall. Wenn Sie nun in Richtung Osten auf der Hauptstraße weiterfahren, gelangen Sie wieder zur Baie Ste. Anne. Biegen Sie nach links ab und nehmen Sie dann nach etwa 1,5 km die Abzweigung, die Sie zurück zur **Anse Volbert** bringt.

TOUR 8

SALAZIE TRACK, PASQUIERE TRACK

ROUTE: Grand' Anse > Anse Volbert > Anse Possession > Grand' Anse

KARTE: Seite 104
LÄNGE: 9 km; 4 Std.
PRAKTISCHER HINWEIS:
- Wanderung durch teils dichte Vegetation mit Ausgangspunkt an der Westküste.

TOUR-START:

Der Salazie Track ist einer von zwei Wanderwegen, die von Grand' Anse quer über die Insel zur Nordostseite führen. Der Pasquière Track zweigt vom Salazie Track nach Norden ab und endet an der Anse Possession b/c2 > S. 106. Der etwas längere Salazie Track führt geradewegs zur Côte d'Or. Im Unterschied zur Autostraße nutzen die beiden Wanderwege das weniger hügelige Gelände, enthalten keine extremen Steigungen und lassen sich zu einem improvisierten Rundweg verbinden. Obwohl die Wege regelmäßig gewartet werden, kann es vor allem im mittleren Teil vorkommen, dass der

Die 2,5 km lange Anse Volbert

Weg etwas zugewachsen ist, daher sind lange Hosen und festes Schuhwerk dringend angeraten. Um die Orientierung nicht zu verlieren, ist GPS ratsam. Wer sich die Wanderung nicht allein zutraut, kann auch einen Führer engagieren › S. 40.

Der Ausgangspunkt beider Wanderungen liegt in **Grand' Anse 14** › S. 114. Biegen Sie an der Kirche ins Inselinnere ab, gehen Sie am Britannia Restaurant vorbei, und folgen Sie der asphaltierten Straße und dem sich anschließenden Feldweg etwa eine halbe Stunde bergauf, wobei Sie einzelne Häuser passieren. An der Abzweigung des Pasquière Track halten Sie sich rechts, überqueren drei kleine Holzbrücken und eine grüne Ebene, in der Sie Farne und verschiedene Palmenarten bestaunen können, und wandern anschließend noch ein Stück bergauf, bis Sie die Passhöhe erreicht haben. Von hier aus haben Sie, wenn Sie sich umdrehen, einen herrlichen Ausblick auf die Inseln Cousin und Cousine.

Nun beginnt der Abstieg zur schönen Badebucht **Anse Volbert 2** › S. 108, wo der Weg an der Küstenstraße endet. An dem langen Sandstrand finden Sie gute Möglichkeiten für eine Rast: Es gibt genügend Restaurants an dem beliebten Strand, und wer Proviant einkaufen möchte, findet viele kleine Geschäfte entlang der Küstenstraße.

Folgen Sie anschließend dieser Hauptstraße in Richtung Westen. Hinter dem Paradise Sun Hotel verlassen Sie für einen knappen Kilo-

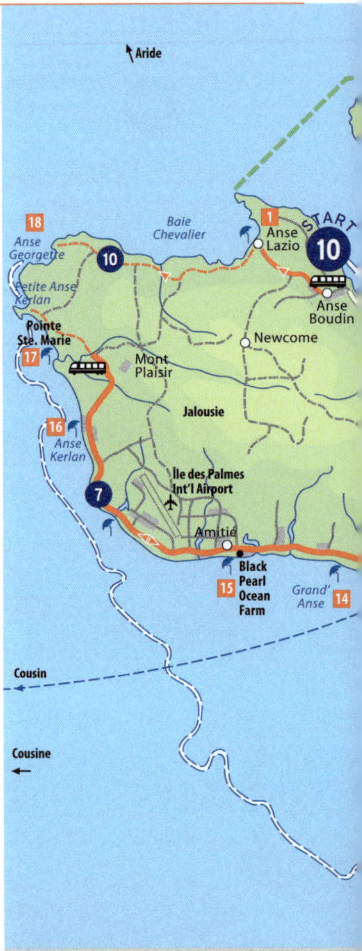

TOUREN AUF PRASLIN

TOUR 7

FAHRT ÜBER DIE INSEL

Anse Volbert › Baie Ste. Anne › Anse Consolation › Grand' Anse › Anse Kerlan › Grand' Anse › Vallée de Mai › Baie Ste. Anne › Anse Volbert

TOUR 8

SALAZIE TRACK, PASQUIERE TRACK

Grand' Anse › Anse Volbert › Anse Possession › Grand' Anse

TOUR 9

WANDERUNG DURCH DIE VALLÉE DE MAI

Rundweg ab Parkeingang und zurück

TOUR 10

WANDERUNG VON DER ANSE LAZIO ZUR ANSE GEORGETTE

Anse Boudin › Anse Lazio › Anse Georgette

meter die Küste dort, wo eine kleine Landzunge ins Meer ragt.

Am Südrand der pittoresken Anse Petite Cour c2 sehen Sie das Meer wieder vor sich und folgen dem Küstenverlauf bis zur Mitte der Anse Possession c2 mit den schönen Granitformationen. Achten Sie dort auf die Abzweigung zum Pasquière Track, der Sie wieder Richtung Inselmitte führt, und zwar in Richtung Südsüdost. Nach 1,5 km stoßen Sie erneut auf den Salazie Track. Biegen Sie an der Abzweigung rechts ab, und Sie erreichen wieder **Grand' Anse** 14, den Ausgangspunkt Ihrer Wanderung.

TOUR 9

WANDERUNG DURCH DIE VALLÉE DE MAI

ROUTE: Rundweg ab Parkeingang und zurück

KARTE: Seite 104
LÄNGE: 2–3 Std.
PRAKTISCHE HINWEISE:

- Um den Besuchermassen zu entgehen, sollte man seinen Besuch auf den frühen Morgen oder späten Nachmittag legen.
- Beim Zahlen des Eintrittsgeldes (ca. 21 €) wird ein recht informatives Faltblatt ausgehändigt, und im Laden vor dem Parkeingang ist weitere hilfreiche Literatur erhältlich.

TOUR-START:

Mehrere Wege erschließen die von einem Bach durchflossene **Vallée de Mai** 9 › S. 113. Man kann sie alle innerhalb von zwei bis drei Stunden ablaufen oder sich für eine Abkürzung entscheiden. Die eigentliche Wegstrecke, die einige leichte Steigungen (mit Treppen) beinhaltet, ist nicht lang, doch man sollte den Pflanzen Zeit widmen und auch nach den seltenen Vögeln und anderen Tieren Ausschau halten, die den Nationalpark bevölkern.

Den großen Rundweg, den Circular Path um das Tal, beginnen Sie gleich hinter dem Eingang. Nach wenigen Metern teilt sich der Weg. Wenn Sie den Weg entgegen dem Uhrzeigersinn begehen, biegen Sie an dieser Abzweigung rechts ab und steigen zunächst eine Treppe hinauf, an deren Ende Sie bald in einen Hain mit jungen Seychellennusspalmen geraten. Der Weg schlängelt sich noch ein Stück weiter und knickt dann nach links ab. Kurz darauf gelangen Sie zur nächsten Abzweigung auf der linken Seite: Der Cedar Path verbindet den Rundweg mit dem Central Path, der durch die Talsohle verläuft. Es lohnt sich aber, auf dem Rundweg zu bleiben, der geradeaus weitergeht. Nach weiteren 200 m zweigt ein kleiner Weg rechts ab, der zu einer Hütte führt. Von hier aus haben Sie eine schöne Aussicht, und in der Hütte können Sie sich auch ausruhen.

Zurück auf dem Hauptweg geht es nun bald hinab ins Tal. Auf einer kleinen Holzbrücke überqueren Sie den Bachlauf, etwa 100 m dahinter zweigt links der schon erwähnte Central Path ab, auf dem Sie Ihren Rückweg abkürzen könnten – aber nicht sollten, denn der Rundweg führt nun in einer weiten Schleife durch den größten Bestand an sowohl jungen als auch ausgewachsenen Seychellennusspalmen. Es geht noch einmal ein Stück bergauf zu einem Aussichtspunkt, an dem früher einmal eine Hütte stand, dann wieder bergab zur Talsohle, erneut über eine Brücke und dann hinauf und zurück zum Parkeingang.

Wenn Sie mögen, laufen Sie anschließend noch auf dem Central Path oder einem der anderen Wege durch das Tal. Der Central Path zweigt hinter der Brücke nach einigen Treppenstufen links ab.

TOUR 10

WANDERUNG VON DER ANSE LAZIO ZUR ANSE GEORGETTE

ROUTE: Anse Boudin › Anse Lazio › Anse Georgette

KARTE: Seite 104
LÄNGE: 3 km; 2,5 Std. (einfache Strecke)
PRAKTISCHER HINWEIS:
- Aus Richtung Anse Volbert kann man per Mietwagen, Taxi oder auch mit dem Bus den Ausgangspunkt an der Anse Boudin (Endhaltestelle) erreichen.

TOUR-START:

Von der Anse Boudin b2 führt die Straße über eine kleine Bergkuppe zur **Anse Lazio** 1 › S. 108, einer Bucht wie aus dem Bilderbuch. Dahinter folgen Sie dem schmaler werdenden Pfad mehr oder weniger an der Küste entlang nach Westen. Der Weg ist von Pflanzen teilweise überwuchert und nicht immer eindeutig. An Abzweigungen sollten Sie sich stets rechts halten, dann kommen Sie schließlich zur **Anse Georgette** 18 › S. 118, deren feinsandiger, von Granitfelsen eingerahmter Strand zusammen mit der herrlichen Aussicht die Mühen des Fußwegs mehr als rechtfertigt.

Die Anse Georgette ist auch mit der **Anse Kerlan** 16 › S. 118 auf der anderen Inselseite über einen Weg verbunden. Dieser führt hinter einem etwa 100 m hohen Hügel am Golfplatz des Lémuria Resort vorbei und endet am Parkplatz des Hotels. Wer hier wandern möchte, sollte vorher beim Hotel anrufen und den Besuch ankündigen (Tel. 4281281) – je früher, desto besser, denn das Hotel gestattet jeden Tag nur einem bestimmten Kontingent an Gästen, das Gelände zu betreten. Wenn Sie sich nicht rechtzeitig angemeldet haben, könnte es passieren, dass man Ihrem Wunschtag schon »ausgebucht« ist.

INFO

Tourist Information Office Praslin
Hilft auch bei der Unterkunftssuche.
- Îles des Palmes Airport
  Tel. 4233346 | stbpraslin@seychelles.net
  Mo–Fr 8–16, Sa/Fei 8–12 Uhr, So geschl.

UNTERWEGS AUF PRASLIN

ANSE LAZIO 1 ★5 b1

Die Bucht mit ihrem weichen, weißen Sand, den Schatten spendenden Takamakabäumen und den malerischen Granitfelsen ist ein beliebtes Seychellen-Fotomotiv. Sie zieht täglich zahlreiche Besucher an, die sich aber über das weite Areal verteilen. An dem wunderschönen, unverbauten Strand kann man bei ruhiger See (höherer Wellengang von Dezember bis März!) schwimmen und schnorcheln.

VERKEHR

- **Anfahrt:** Per Mietwagen oder Taxi; Bus nach Anse Boudin, von dort ca. 30 Min. Fußweg zur Bucht › S. 107.

RESTAURANT

Bonbon Plume €€–€€€

Strandlokal zwischen Kokospalmen. › mehr S. 14 Punkt 18

- Anse Lazio | Tel. 4232136
  tgl. 12.30–15 Uhr; Juni geschl.

ANSE VOLBERT 2 ★ d3

Die auch werbewirksam **Côte d'Or** (Goldküste) genannte Bucht besitzt einen kilometerlangen Strand aus feinem Sand, auf dem man bestens spazieren kann. Das von einem Riff geschützte Wasser ist ruhig und relativ flach, weshalb sich Familien mit kleinen Kindern hier besonders wohlfühlen. › mehr S. 15 Punkt 26

Die Anse Volbert ist das touristische Zentrum von Praslin, entsprechend belebt ist der Strand. Es gibt Hotels und Pensionen, Restaurants, Läden, Banken, mehrere Fahrradverleihe und Tauchschulen. Ein Erlebnis für Schnorchler und Taucher sind die kleinen vorgelagerten Inseln **Chauve Souris** 3 c2 (Übernachtung möglich, › unten) und **St. Pierre** 4 d2. › mehr S. 12 Punkt 2

HOTELS

Acajou Beach Resort €€€

Mittelgroße zweistöckige Hotelanlage in tropischem Garten direkt am Strand.

- Anse Volbert | Tel. 4385300
  www.acajouseychelles.com

Chauve Souris Island Lodge €€€

Die kleine Lodge liegt auf der Insel Chauve Souris, wenige Hundert Meter vor der Côte d'Or; nur Vollpension. Gäste können die gut erreichbaren, umfangreichen Wassersportmöglichkeiten an der gegenüberliegenden Küste nutzen.

- Chauve Souris
  Tel. 4232200

L'Archipel €€€

Eine stilvolle Anlage mit 23 Zimmern und neun Suiten in Chalets, an einem Hang über dem Meer gelegen.

- Anse Gouvernement | Tel. 4284700
  www.larchipel.com

Le Duc de Praslin €€€

Bungalows in Strandnähe, kreolisches Restaurant; Orchideengarten und Koikarpfenteich.

- Anse Volbert | Tel. 4294800
  www.leduc-seychelles.com

Les Villas d'Or €€€
Gepflegte zehn Strandvillen mit insgesamt 12 Schlafzimmern, v. a. für Selbstversorger, auf Wunsch auch mit Frühstück und Abendessen.
- Anse Volbert
  Tel. 4232777
  www.lesvillasdorseychelles.com

Paradise Sun Hotel €€€
Das große, familienfreundliche Strandhotel hat eine eigene Tauchbasis.
- Anse Volbert
  Tel. 4293293
  www.paradisesunhotel.com

Raffles Praslin €€€
Das Luxushotel liegt nicht direkt an der Anse Volbert, sondern an der Bucht nördlich; 86 Villen, teils mit eigenem Pool, erwarten die Gäste – und das größte Spa der Seychellen.
- Anse Takamaka
  Tel. 4296000
  www.raffles.com/praslin

Les Lauriers Hotel €€
Sechs schöne Zimmer und acht Villen mit eigener Veranda in Strandnähe.
- Anse Volbert | Tel. 4232241

RESTAURANTS

Café des Arts €€€
Das originelle Strandrestaurant mit seiner kleinen Kunstgalerie > **Shopping** ist berühmt für den leckeren Fisch und die ausgezeichneten Meeresfrüchte.
- Anse Volbert | Tel. 4232170

Pirogue Restaurant & Bar €€
Familienbetrieb mit authentischer kreolischer Küche und frischem Seafood.
- Anse Volbert | Praslin
  Tel. 4236677 | tgl. 8–23 Uhr

Ein schattiges Plätzchen mit Blick auf Meer, Boote und Palmen – das ist Urlaub

SHOPPING

Die **Galerie Passerose** direkt am Strand präsentiert und verkauft Gemälde und Skulpturen einheimischer Künstler sowie Kunsthandwerk.

- Anse Volbert | Tel. 2594949
  Mo–Sa 9.30–18.30 Uhr

CURIEUSE MARINE NATIONAL PARK

6 b/d1–2

Der nördliche Küstenabschnitt von Praslin zwischen der Pointe Chevalier und der Halbinsel, die die Anse Volbert im Westen begrenzt, gehört – ebenso wie die gegenüberliegende Insel Curieuse und der Meeresarm dazwischen – zum gleichnamigen Meeresnationalpark. Dieser zählt zu Praslins besten Unterwasserrevieren mit unzähligen Korallen und großem Fischreichtum.

AUSFLUG ZUR INSEL CURIEUSE 5 b/c1

Nur wenige Kilometer trennen die bergige, knapp 3 km² große Insel von Praslin. Von dort bieten Reiseagenturen täglich Tages- und Halbtagsausflüge nach Curieuse an. Als Startpunkt eignet sich Anse Volbert › S. 108, von dort beträgt die Fahrtdauer ca. 20 Min. Vorausbuchungen sind zu empfehlen, die Gebühren für das Betreten der Insel (ca. 15 €, die dem Naturschutz zugute kommen) und eine Führung sind im Ausflugspreis inbegriffen.

Besucher landen entweder an der **Baie Laraie** › rechts im Osten oder an der **Anse St. José** im Süden der Insel. Hier steht das ehemalige Arzthaus, in dem heute ein kleines Museum untergebracht ist. Dieses Kolonialhaus und einige Ruinen westlich davon erinnern an die um 1830 gegründete Leprastation, die bis Mitte des 20. Jhs. in Betrieb war. Heute leben nur noch der Verwalter und seine für Schutz und Pflege der Insel angestellten Wildhüter mit ihren Familien auf der Insel.

Curieuse besitzt auf seiner Südseite schöne, einsame Sandstrände. Die Vegetation ist der Praslins ähnlich, auch hier wächst die endemische Seychellennusspalme › S. 112, jedoch in kleineren Beständen.

Durch ein großes Mangrovengebiet gelangt man auf Holzstegen zur **Baie Laraie.** Dieser Teil der Insel ist Schutzgebiet für eine Kolonie von Riesenlandschildkröten, die sich hier so wohl fühlen, dass sie sich fleißig um die Fortpflanzung ihrer dezimierten Spezies bemühen. Auch anderen Tieren kommt man auf Curieuse sehr nahe, weil diese sich völlig ungestört fühlen und sich auch von neugierigen Besuchern nicht beeindrucken lassen. › mehr S. 16 Punkt 29

BAIE STE. ANNE 6 d3

Südlich der Anse Volbert, jenseits eines lichten Waldes, erstreckt sich die Ortschaft Baie Ste. Anne an der weiten gleichnamigen Bucht. Im Zentrum finden sich Bank, Kirche, Post, Tankstelle und Geschäfte. Am Südende von Baie Ste. Anne zweigt die Zufahrt zur **Jetty** ab, dem Fähranleger nach La Digue und Mahé.

Der Bucht vorgelagert sind Korallenbänke und die kleine Hotelinsel **Round Island** 7 e3–4. Ihr gegenüber wartet die abgelegene **Anse La Farine** 8 e3 mit feinstem Sand und einem besonders schönen Schnorchelrevier auf. Zwischen diesem Strand und Round Island begegnet man riesigen Stachelrochen, großen Zackenbarschen und Riffhaien.

VERKEHR

Fährverbindungen: mehrmals tgl. nach La Digue (15 Min.); zwei- bis dreimal tgl. nach Mahé (1 Std.).

HOTELS

Round Island Luxury Villas €€€

Vier Luxusvillen auf einem winzigen Eiland am Rande der Baie Ste. Anne, mit Wassersport- und Fitnesszentrum. Nur Vollpension. Bootstransfers ab Baie Ste. Anne.

- Round Island (Praslin)
  Tel. 2522782

Chalets Côté Mer €€

Große Komfortbungalows für Selbstversorger, nahe der Jetty; mit Restaurant.

- Baie Ste. Anne | Tel. 4294200
  www.chaletcotemer.com

Chez Bea Luxury Villa €€

Sechs Ferienwohnungen mit je zwei Schlafzimmern im Ort zwischen Anse Volbert und Baie Ste. Anne.

- Cap Samy | Tel. 4236043
  www.chezbealuxuryvilla.sc

Îles des Palmes Eco Resort €€

18 Bungalows für Paare oder Familien auf 73 ha Land am Rand der Bucht, Schildkrötenpark, Lehr- und Wanderpfad.

- Anse Takamaka | Tel. 4232941
  www.ilesdespalmes.com

Le Grand Bleu Villas €–€€

Gemütliche kleine Unterkunft für Selbstversorger in Hafennähe.

- Baie Ste. Anne | Tel. 2511095
  www.legrandbleuvillas.com

Wanderwege durch die faszinierende Pflanzenwelt in der Vallée de Mai

COCO DE MER – DIE SEYCHELLENNUSSPALME

Seit Jahrhunderten bewundern Menschen die ungewöhnliche Form der »Coco de Mer«

Nur auf Praslin und Curieuse wächst die Seychellennusspalme in natürlicher Verbreitung, einzelne Exemplare auf anderen Inseln sind von Menschen dorthin verpflanzt worden. Die Nuss braucht etwa sechs Jahre bis zur Reife und ist dann mit einem Gewicht von rund 20 kg der größte und schwerste Samen der Welt. Er kann wegen seines Gewichts weder durch Lebewesen verbreitet werden noch schwimmen. Erst wenn der Kern verfault ist, schwimmt die Schale im Meer. Solche tauben Nüsse wurden früher an die Küsten Indiens und der Malediven geschwemmt. Weil niemand ihre wahre Herkunft kannte, trägt die Pflanze bis heute den irreführenden wissenschaftlichen Namen *Lodoicea maldivica* und den ebenso unzutreffenden umgangssprachlichen *Coco de Mer* (»Meereskokosnuss«). Dass die *Coco de Mer* tatsächlich an Land wuchs, stellte sich erst im Jahre 1768 heraus, als eine französische Expedition die ihr noch unbekannte Insel Praslin erforschte.

Wegen ihrer Seltenheit und ungewöhnlichen Form besaßen die Nüsse bei Liebhabern großen Wert und wurden auch an den Königshöfen der Alten Welt zu einer begehrten Kostbarkeit. Kostbar ist die Seychellennuss auch heute als Souvenir. › **mehr S. 17 Punkt 37**

Übrigens: Man erzählt sich, dass die Bäume sich nachts, wenn niemand hinschaut, heimlich paaren … › **mehr S. 15 Punkt 22**

VALLÉE DE MAI 9 7 c3

Biegt man im Zentrum von Baie Ste. Anne rechts ab, geht es direkt zum Naturschutzgebiet Vallée de Mai, der größten Sehenswürdigkeit der Inner Islands. Bereits 1966 wurde das Tal zum Nationalpark erklärt, 1983 nahm es die UNESCO in die Liste des Weltnaturerbes auf.

In der Vallée de Mai bilden das diffuse Licht im Wald, das Rauschen der Blätter und das Knacken der Bäume eine Atmosphäre, die alle Besucher fasziniert. Die Attraktion des Tals sind seine riesigen Seychellennusspalmen-Bestände › S. 112. Rund 6000 dieser Palmen wachsen hier auf engstem Raum, junge Bäume mit riesigen Palmenwedeln neben jahrhundertealten, über 30 m hohen Veteranen. Auch andere endemische Bäume sind bemerkenswert, wie die schlanke Palmiste-Palme, deren grüner Schaft zwischen Stamm und Blattkrone zur Herstellung des echten Palmherzensalats (»Millionärssalat«) verwendet wurde – ein Grund, warum sie nicht mehr allzu häufig vorkommt. Einen ziemlich dünnen Stamm hat die *latanye fey* (»Blattpalme«), deren breite Blattwedel früher gern zum Dachdecken verwendet wurden. Relativ häufig trifft man auf den Rotholzbaum *bwa rouz*, dessen riesige Blätter meistens von Insekten vollkommen durchlöchert sind.

Bis 1930 blieb das Gebiet von Eingriffen des Menschen verschont. Dann begann man mit der Anpflanzung von Obst- und Nutzbäumen. Heute plant man, den Urzustand des Waldes wiederherzustellen.

Dieser ist auch Heimat des seltenen schwarzen Seychellen-Vasapapageis *(black parrot)*. Meist hört man nur die Rufe der scheuen endemischen Vögel, die täuschend nachgeahmt werden von den vielen lärmenden Seychellen-Bülbüls.

INFOS

Gute Infos der **Seychelles Islands Foundation** zur Vallée de Mai unter www.sif.sc.

Der Eingang zum Nationalpark liegt auf der Bergkuppe direkt neben der Straße; geöffnet tgl. 8–17 Uhr.

In der Eintrittsgebühr (ca. 21 €) ist ein Faltblatt mit allen wichtigen Infos inbegriffen; wer sich näher mit dem Naturschutzgebiet beschäftigen möchte, kann am Kiosk auch eine Farbbroschüre der Botaniker Katy Beaver und Lindsay Chong-Seng kaufen.

ANSE MARIE-LOUISE 10 d4

Der schöne Badestrand der Bucht südlich der Baie Ste. Anne wird von zwei Landvorsprüngen geschützt. Ein eher unauffälliges Schild an der Anse Marie-Louise weist auf den Zugang zur Fond Ferdinand Nature Reserve.

FOND FERDINAND NATURE RESERVE 11 d4

Das Naturschutzgebiet wurde 2013 eröffnet und gilt (noch) als Geheimtip: Er verfügt über teils ältere Bestände an Seychellennusspalmen als die Vallée de Mai, ist weniger stark besucht – und mit 122 Hektar Fläche mehr als sechsmal so groß. Außerdem ist der Wald hier natürlich gewachsen, in der Vallée de Mai hingegen wiederaufgeforstet. Das Gebiet darf nur im Rahmen einer geführten Tour betreten werden (Touren tgl. 9.30, 11, 12.30 Uhr, im Eintrittspreis von 8 € inbegriffen, ca. 1,5–2 Std. Dauer).

DIE SÜDWESTKÜSTE

Hinter **Anse Consolation** an der gleichnamigen hübschen Bucht folgt mit dem zwischen Berg und Meer eingebetteten schmalen Landstrich von der **Anse Bois de Rose** 12 d4 bis zur **Anse Bateau** 13 c4 eine der reizvollsten Gegenden Praslins. Einzelne Häuser verstecken sich zwischen Obstbäumen; hübsche kleine Sandstrände wechseln ab mit Felsen; das Wasser ist hier ziemlich flach.

HOTELS

Coco de Mer Hotel & Black Parrot Suites €€€
Reihenbungalows im Tropengarten; Wassersport.
- Anse Bois de Rose | Tel. 4290555
  www.cocodemer.com

Yasad Luxury Beach Residence €€
Ferienwohnungen mit ein bis drei Schlafzimmern (bis zu sechs Gäste), auf Wunsch mit Frühstück. Klimatisiert, gratis WLAN. Der Strand liegt auf der gegenüberliegenden Straßenseite, Bushaltestelle am Hotel.
- Anse St. Sauveur | Tel. 2525506
  www.yasadpraslin.com

GRAND' ANSE 14 b3

Die größte Ortschaft Praslins liegt an der gleichnamigen weiten Bucht. Das Wasser ist hier sehr flach, der Strand oft mit abgestorbenem Seegras bedeckt (vor allem von April bis September) und zum Baden wenig geeignet.

In Grand' Anse findet man Bank, Kirche, Post und Tankstelle, diverse Läden, Reiseagenturen, Autoverleihfirmen sowie einige Hotels und Gästehäuser. Neben dem Markt erinnert das mit einer Seychellennuss versehene Unabhängigkeitsdenkmal an das Ereignis vom 29. Juni 1976.

Im Ortszentrum biegt rechts eine Straße ins Landesinnere ab: Dies ist der Ausgangspunkt für zwei über die Insel führende Wanderungen: den **Pasquière Track** zur Anse Possession (ungefähr 1 Std.) und den **Salazie Track**, der zur Anse Volbert führt (etwa 1,5 Std.) › S. 103. Beide Wanderwege geben einen guten Eindruck vom hügeligen, bewaldeten Inneren Praslins, sind aber mitunter auch in Teilen zugewachsen.

Im Norden der Bucht liegt der kleine **Praslin Île des Palmes Airport** a3, wo oft Kleinflugzeuge aus Mahé landen oder nach dort starten. Weil sie ziemlich tief über die Straße fliegen, schaltet eine Verkehrsampel für den Straßenverkehr dann auf Rot. Die Eröffnung des Flughafens 1978 war einer der Auslöser für die Entwicklung des Tourismus auf Praslin. Heute verfügt er sogar über eine Zollabfertigung, sodass auch kleine Maschinen aus dem Ausland hier landen können.

HOTELS

Indian Ocean Lodge €€€
Kleine, gepflegte Anlage in tropischem Stil, direkt am Strand. Pool und Restaurant mit kreolischer und internationaler Küche.
• Grand' Anse | Tel. 4283838
www.indianoceanlodge.com

Ocean Villa €€
Ferienhäuser und -wohnungen direkt am Strand, üppig ausgestattet, für Selbstversorger.
• Grand' Anse | Tel. 2511879
www.oceanvilla.sc

Palm Beach Hotel €€
Charmantes Strandhotel im Kolonialstil, luxuriös ausgestattet. Das Restaurant serviert kreolische Küche.
• Grand' Anse | Tel. 4290290
www.palmbeachseychelles.com

RESTAURANT

Britannia €
Fischgerichte nach kreolischen und internationalen Rezepten im kleinen Restaurant des gleichnamigen Hotels.
• Grand' Anse | Tel. 4233215
tgl. 7–22 Uhr

BLACK PEARL OCEAN FARM 15 ★ 8 b3

Westlich vom Ort Grand' Anse, schräg gegenüber dem Flughafen, findet man die einzige Perlenausternzucht des Indischen Ozeans. Hier erfährt man auch Interessantes über den Lieferanten eines besonders wertvollen Naturprodukts: über die Schwarzlippige Perlenauster *(Pinctada margaritifera cumingi)*, die landläufig auch »Tahitimuschel« genannt wird.

Eine interessante Ausstellung widmet sich der Verarbeitung der Perle zum Schmuckstück (Mo–Fr 9–16, Sa 9–12 Uhr).

SHOPPING

Black Pearl Jewellery
Goldschmiede arbeiten die Perlen, die auf der Ocean Farm gezüchtet werden, in Schmuck ein, den man im Shop erstehen kann. Manche Arbeiten sind Unikate und entsprechend teuer.
• Amitié | Tel. 4233150

AUSFLUG NACH COUSIN ★

Nur gut 2,5 km liegt Cousin vor der Südwestküste Praslins. Die 29 ha große Insel mit einem Durchmesser von ca. 600 m wurde 1968 von Spendengeldern als Vogelschutzgebiet gekauft und steht heute unter der Obhut der unabhängigen Umweltschutzorganisation Nature Seychelles, ebenso wie das noch intakte Korallenriff (www.cousinisland.net).

Nature Seychelles hat verschiedene Hotels und Reiseagenturen als Partner, die Ausflüge mit ca. einstündigen Führungen auf Englisch oder Französisch organisieren. Eine kleine Broschüre mit Beschreibungen der Vögel gibt es normalerweise auch auf Deutsch.

Auf Cousin nicht erlaubt sind Picknicken, Baden, Rauchen sowie das Sammeln von Eiern, Muscheln und Schnecken. Beim Fotografieren sind weder Blitzlicht noch Stativ erlaubt.

FAUNA UND FLORA

Nachdem die Spuren der ehemaligen Kokosplantage von den Naturschützern mit viel Mühe beseitigt wurden, wird dem natürlichen Bewuchs auf der Insel freier Lauf gelassen. Im Schutz der üppigen Vegetation fühlen sich viele Tiere wohl – riesige Tausendfüßler, Krabben, verschiedene Arten von Geckos und Riesenlandschildkröten. Mit viel Glück kann man eine Meeresschildkröte erspähen: Von Oktober bis Februar kommen regelmäßig echte **Karettschildkröten** zur Eiablage an Land, und das sogar tagsüber.

Eigentlich ist Cousin aber vor allem ein Refugium für Vögel, zahlreiche See- und Landvögel brüten hier, während des Südostmonsuns die Noddyseeschwalben, das ganze Jahr über diverse Sturmtaucherarten, Mangrovenreiher, Madagaskarweber, die eleganten Tropikvögel und die weißen Feenseeschwalben, der *toktok* und der Seychellenweber. Besonders erwähnenswert ist der Seychellenrohrsänger, zu dessen Erhalt das Schutzgebiet ursprünglich errichtet wurde. Auch der vom Aussterben bedrohte Seychellendajal wurde hier wieder angesiedelt.

VERKEHR

- Anreise: Mo–Fr verkehren Boote ab Grand' Anse > **S. 114** oder Baie Ste. Anne > **S. 110**, nur vormittags (9.30–12 Uhr). Die Überfahrt dauert ca. 10 bzw. 20 Min. Die Landegebühr (ca. 35 €) ist im Preis der Reiseagenturen normalerweise mit eingeschlossen – fragen Sie sicherheitshalber beim Buchen nach.
- Zur Landung wird in einem Schlauchboot übergesetzt. Die Insel kann i. d. R. rund ums Jahr besucht werden. Von April bis Okt. muss man bei rauer See damit rechnen, dass es im Boot feucht wird.

COUSINE

Auf der Schwesterinsel von Cousin etwa 6 km vor der Westküste Praslins sind wieder einige Exemplare der äußerst seltenen Schamadrosseln heimisch geworden, außerdem fünf weitere endemische Vogelarten. Überdies ist die unter Naturschutz stehende, nur Hotelgästen vorbehaltene Insel von einer artenreichen Unterwasserwelt umgeben. Schnorcheln ist von September bis Januar möglich.

VERKEHR

- Hubschraubertransfer für Hotelgäste gibt es von allen Landeplätzen der Seychellen (von Praslin 20 Min.); auf Wunsch auch Bootstransfer.

HOTEL

Cousine Island Resort €€€
Vier exklusive Villen im Kolonialstil für maximal zwölf Erwachsene; Pool, Wassersport und Spa.

- Tel. 4321107
  www.cousineisland.com

AUSFLUG NACH ARIDE ★

Als sehr fruchtbar und ganz und gar nicht ausgedörrt, wie der Name vermuten ließe, entpuppt sich dieses 68 ha große Eiland 10 km nördlich von Praslin. Die nördlichste Granitinsel der Seychellen ist etwa 1,7 km lang und ca. 500 m breit, teils felsig, teils hat sie weißen Sandstrand.

Aride steht ebenso wie das vorgelagerte Korallenriff, das zu den schönsten Unterwasser- und beliebtesten Tauchgebieten der Seychellen gehört, unter Naturschutz. Auch ein Schnorchelausflug lohnt sich, aber eher innerhalb des Riffs. Außerhalb ist auf Strömungen zu achten!

Die wenigen Einheimischen von Aride wohnen in **La Cour**, wo auch die Boote anlegen. Für den Weg auf den 134 m hohen **Gros la Tête** wird man mit einem herrlichen Blick hinunter aufs Meer und hinüber nach Praslin und Cousin belohnt.

Kameras und Kleidung sollten Sie wasserdicht verstauen, denn bei der Landung steigt man in kleinere Boote um und bekommt zumindest nasse Füße. Außerdem sind feste Sportschuhe zur Erkundung der Insel empfehlenswert.

FAUNA UND FLORA

1973 von der Royal Society for Nature Conservation (RSNC) erworben und nun von der Island Conservation Society (ICS) betreut, wurde Aride zu einem wahren Refugium, in dem eine Vielzahl an Vogelarten ihren Lebensraum hat. Auch Karett- und Suppenschildkröten › S. 135 können hier ungestört an Land kommen, um ihre Eier im warmen Sand zu vergraben.

Auf Aride brüten mehr Arten Seevögel als auf allen anderen Gra-

Der lange Schwanz der Weißschwanztropikvögel stabilisiert ihren Flug

nitinseln, darunter Hunderttausende von Ruß- und Noddyseeschwalben (von April bis November) und mehr als 2000 der seltenen Rosenseeschwalben, die nicht ganz so lange auf der kleinen Insel bleiben. Auf der Insel findet man auch Turteltauben und Madagaskarweber, mehrere Arten von Sturmtauchern, den sehr seltenen Seychellendajal, den Seychellenrohrsänger, die wunderschönen Feenseeschwalben, den eleganten Weißschwanztropikvogel und sogar den seltenen Rotschwanztropikvogel. Im Feuchtgebiet sind Teichhühner zu sehen. Über der Insel kreist fast immer eine Schar von Fregattvögeln, großen Seglern, die die meiste Zeit hier verbringen, aber 1100 km entfernt auf Aldabra brüten. › mehr S. 15 Punkt 25

An Land krabbelt eine Vielfalt an Insekten und Echsen sowie Riesentausendfüßler, am Strand trifft man zahlreiche Geisterkrabben.

Karte S. 104

Weite Teile von Aride sind mit üppiger Vegetation bedeckt, mit Kokospalmen (die noch auf die ehemalige Kokosplantage hinweisen), aber auch mit Laubbäumen wie dem *bwa mapou (Pisonia grandis)*, dessen Samen wahrscheinlich einst von Seevögeln auf die Insel gebracht wurden. Auf dem fruchtbaren Boden gedeihen Guaven ebenso wie Bananen, Orangen, Papayas, Auberginen, Ingwer, Gelbwurz und Pfefferschoten. Eine botanische Besonderheit der Insel ist Wright's Gardenia, ein Rötegewächs, das sonst nirgends auf der Welt gedeiht. Es trägt wunderschöne, weiß-rötliche Blütenkelche. Wegen seiner kleinen zitronenförmigen Früchte nennen es die Einheimischen *bwa sitron*.

VERKEHR

- Anreise: Boote nach Aride legen von der Anse Volbert > **S. 108** oder der Grand' Anse > **S. 114** ab. Die Überfahrt dauert ca. 30 Min., die Landegebühr (ca. 35 €) ist zumeist im Exkursionspreis inbegriffen; Näheres unter www.arideisland.com.
- Für eine Tagesexkursion nach Aride kontaktiert man am besten die Hotelrezeption oder eine Reiseagentur. Der Ausflug wird von Oktober bis April mehrmals pro Woche angeboten (Mo–Fr), in den übrigen Monaten ist er wetterabhängig.

DIE NORDWESTKÜSTE

Der Strand der **Anse Kerlan** 16 a2, nördlich des kleinen gleichnamigen Ortes, besitzt herrlich weißen Sand, das Wasser ist tief genug zum Schwimmen. Im Norden der Bucht liegt das Lémuria-Resort. Strandbesucher, die dort nicht Gäste sind, sollten sich einige Tage vorher an der Rezeption anmelden. Nördlich von Anse Kerlan, am Ende der Straße, erreicht man zu Fuß auf holprigem Weg **Pointe Ste. Marie** 17 a2. Die Mühe lohnt sich, denn von dem Picknickplatz aus kann man Praslins schönste Sonnenuntergänge erleben.

Die kleine Bucht nördlich der Landzunge, **Petite Anse Kerlan** a2, lädt zum Schwimmen ein, wenn nicht gerade hoher Wellengang herrscht (Dezember bis März). Hinter dem nächsten Felsvorsprung findet man eine der schönsten Seychellen-Buchten, die **Anse Georgette** 18 ★ a1 > S. 107 mit ihrem traumhaften Sandstrand.

HOTELS

Castello Beach Hotel €€€
Hübsches Suitenhotel im mediterranen Stil, eingebettet in einen schönen Tropengarten. Ideal für Familien, kostenlose Kinderbetreuung.
- Anse Kerlan | Tel. 4298900
www.castellobeachhotel.com

Constance Lémuria Seychelles €€€
Traumhafte Bungalowanlage in umweltfreundlicher Architektur, elegante Suiten. Kinderklub, Spa, 18-Loch-Golfplatz.
- Anse Kerlan | Tel. 4281281
www.lemuriaresort.com

RESTAURANT

Capricorn €€
Gemütliches kleines Restaurant mit kreolischer Küche, nahe am Strand.
- Anse Kerlan | Tel. 4233224
Mo–Sa 8–23 Uhr

LA DIGUE

Die Anse Source d'Argent ist aus vielen Filmen bekannt – wer hier steht, ist dennoch beeindruckt

Weniger Luxus, dafür mehr Gelassenheit finden Urlauber auf La Digue: Autos sind rar, Fahrräder das bevorzugte Fortbewegungsmittel. Unternehmungslustige umrunden die Insel oder besteigen den Inselberg Nid d'Aigles.

Die fotogenen Strände dieser Insel mit ihren natürlichen Kompositionen aus Granit, Sand und Kokospalmen entzücken nicht nur Urlauber, sondern ziehen auch Mode- und Werbefotografen an, die hier das gewisse tropische Flair finden.

Das 10 km² große La Digue genießt noch immer den Ruf, ein nostalgisches Plätzchen zu sein, wo man sich mit Ochsenkarren fortbewegt. Inzwischen gibt es aber auch Autos und gepflasterte Straßen, und tagsüber, wenn Tagesausflügler und Kreuzfahrtpassagiere anlanden, ist es oft um das Idyll geschehen. Man sollte daher ein paar Tage Aufenthalt einplanen, um La Digue auch in den Morgen- und Abendstunden kennenzulernen, erkunden kann man die Insel am besten mit dem Fahrrad und zu Fuß.

Die Osthälfte der Insel nimmt der Nid d'Aigles (»Adlerhorst«) ein, den Nordwestteil eine Ebene. Außer an der Südostseite umgibt die Insel ein Korallenriff, sodass an vielen Buchten Baden und Schnorcheln möglich sind.

Die rund 2000 Bewohner leben von Fischfang, Landwirtschaft und natürlich Fremdenverkehr. Banken, Geschäfte und Gästehäuser konzentrieren sich auf die einzige größere Ortschaft, La Réunion. Inmitten der dichten Vegetation mit Palmen, Kasuarinen u.a. entdeckt man noch einige Häuser im Kolonialstil.

TOUREN IN DER REGION

TOUR 11

WANDERUNG UM DIE SÜDSPITZE

ROUTE: Anse Source d'Argent > Anse Pierrot > Anse au Cèdres > Anse Marron > Grand l'Anse > Grand' Anse > Anse Source d'Argent

KARTE: Seite 122

LÄNGE: ca. 6 km; ca. 4–5 Std.

PRAKTISCHE HINWEISE:

- Gehen Sie diese Tour nur mit einem ortskundigen Führer (z. B. Robert Agnes, Tel. 2525357, www.sunnytrailguide.net).
- Sie sollten gut zu Fuß sein, denn auf der Tour muss man auch über einige Felsblocken klettern.
- Denken Sie daran, genügend Getränke und Proviant mitzunehmen.

TOUR-START:

Der Weg beginnt am Südende der **Anse Source d'Argent** 6 > S. 126 noch harmlos, indem Sie durch das Meer waten, das bei Ebbe höchstens hüfthoch reicht. Dabei haben Sie die puderweißen menschenleeren Traumstrände, die Sie als nächstes erreichen – Anse Pierrot und Anse aux Cèdres – bereits im Blick. Danach wird es abenteuerlich: Zunächst führt der Weg durch dichten Dschungel und danach über gewaltige Granitfelsen. Besonders hier ist Vorsicht vor tückischen Felsspalten geboten – und nass sollten die ohnehin glatten Felsen am Tag der Wanderung auch nicht sein.

Südlichster Punkt der Wanderung ist die Anse Marron b4, die wie die Anse Source d'Argent zwischen riesigen Granitfelsen liegt, aber im Unterschied zu dieser noch ein echter Geheimtip ist – und wohl auch bleiben wird, solange man sie nicht bequemer erreichen kann. Der Ausblick von hier ist einzigartig, doch die Bademöglichkeiten im Meer können, je nach Jahreszeit, durch starke Strömungen und hohe Wellen eingeschränkt sein. Dafür gibt es einen vom Meer abgetrennten Bereich mit kleinen Gezeitenbecken, in denen man das ganze Jahr über ungefährdet plantschen kann.

Der weitere Weg über die Grand l'Anse und **Grand' Anse** 9 > S. 126 führt ebenfalls noch einmal über Felsen und durch Wald, doch danach geht es entspannter weiter: An der Grand' Anse verlassen Sie die Küste und durchqueren die Insel auf der Straße nach Westen. Sie führt durch ein trockengelegtes Sumpfgebiet, das *Mare Soupape* genannt wird. Am Ende des Weges trifft man auf die Küstenstraße. Hier biegt man links ab und kommt am **L'Union Estate** 5 > S. 124 vorbei wieder zur Anse Source d'Argent.

TOUR 12

BERGTOUR ZUM NID D'AIGLE

ROUTE: La Réunion > Belle Vue > Nid d'Aigle > La Passe

KARTE: Seite 122
LÄNGE: 4 km; ca. 2 Std. (Auf- und Abstieg)
PRAKTISCHER HINWEIS:

- Da es auf der gesamten Strecke wenig Schatten gibt, sollte man unbedingt früh aufbrechen.
- Denken Sie auch bei dieser Tour daran, ausreichend Getränke und Proviant mitzunehmen.

TOUR-START:

Vom Inselrundweg zwischen La Réunion 2 > S. 123 und La Passe 1 > S. 123 zweigt eine Straße zur Bergsiedlung Belle Vue b2/3 ab. Am Ende der befahrbaren Straße führt ein Pfad weiter zum höchsten Punkt der Insel (333 m) innerhalb des Bergmassivs Nid d'Aigle. Oben wird man durch einen herrlichen Rundblick auf die umliegenden Inseln für die Mühen des Aufstiegs belohnt.

TOUREN AUF LA DIGUE

TOUR 11

WANDERUNG UM DIE SÜDSPITZE

Anse Source d'Argent > Anse Pierrot > Anse au Cèdres > Anse Marron > Grand l'Anse > Grand' Anse > Anse Source d'Argent

TOUR 12

BERGTOUR ZUM NID D'AIGLE

La Réunion > Belle Vue > Nid d'Aigle > La Passe

Für den Abstieg nehmen Sie entweder den Aufstiegsweg oder wandern nach Norden weiter. Hier gibt es mehrere Möglichkeiten, um links wieder zum Hauptweg hinab zu kommen. Der Weg ist nicht immer leicht zu erkennen, aber von oben hat man einen guten Überblick, und einer der Trampelpfade führt früher oder später zur Küste zurück.

INFO

Tourist Information Office La Digue
Mo–Fr 8–17, Sa/Fei 9–12 Uhr, So geschl.
- La Passe | Tel. 4234393
  stbladigue@seychelles.travel

UNTERWEGS AUF LA DIGUE

LA PASSE 1 a2, LA RÉUNION 2 a2

Die meisten Besucher kommen mit dem Boot nach La Digue und landen in **La Passe.** Gleich hinter dem Anlegesteg warten Taxen auf Kunden, Fahrradverleiher haben ihr Angebot aufgereiht, und hier finden sich auch diverse Unterkünfte. Rechts beim Restaurant Tarosa biegen Sie in die »Flaniermeile« von La Digue ab, einen breiten Pflasterweg, über den sich von beiden Seiten Schatten spendende Kokospalmen neigen. Er führt durch die Ortschaft **La Réunion,** vorbei am Inselkrankenhaus, kleinen Läden, zwei Banken und diversen Reiseagenturen.

HOTELS

La Digue Island Lodge €€€
Die größte Hotelanlage der Insel bietet auch den meisten Komfort. Die Chalets und Bungalows stehen rund um das Haupthaus mit Restaurant.
- La Réunion
  Tel. 4292525
  www.ladigue.sc

Calou Guest House €€
Drei gemütliche Bungalows in einem Garten, kreolische und internationale Küche; deutsche Gastgeber. 2016 renoviert.
- La Passe | Tel. 4234083
  www.calouguesthouse.com

Chalets de Palma €€
Hübsches strandnahes Gästehaus in zentraler, aber ruhiger Lage.
- La Réunion | Tel. 4234083
  www.chaletsdepalma.com

Étoile Labrine €€
Kleines Gästehaus in der Nähe der Anse Source d'Argent; kreolisches Restaurant.
- L'Union | Tel. 4235140
  www.etoile-labrine.com

Fleur de Lys €€
Große Gästezimmer in Strandnähe erwarten Selbstversorger.
- La Passe | Tel. 4234459
  www.fleurdelyseychelles.com

Kot Babi Guest House €€
Kleine familiäre Selbstversorgeranlage im kreolischen Stil, zentral, aber ruhig.
- La Passe | Tel. 2594303
  www.kotbabi.sc

RESTAURANT

Zerof €

Das beliebte Restaurant serviert gute kreolische Küche und verkauft auch Gerichte zum Mitnehmen.

- Anse de la Réunion | Tel. 4234439 tgl. 8–22 Uhr

VEV SPECIAL RESERVE 3 a2

Etwa mittig in der Westhälfte der Insel liegt dieses Vogelschutzgebiet, das einer einzigen Art gewidmet ist. Es besteht aus einem schmalen, frei zugänglichen Waldstreifen, in dessen Baumkronen der endemische Paradiesschnäpper lebt. Er gehört zu den seltensten Vogelarten der Erde. Das Männchen besitzt einen auffällig langen Schwanz und ist pechschwarz, weshalb dieser Vogel in der Landessprache auch *vev* (»Witwe«) heißt. Die Insektenfresser weben ihre Nester aus Halmen und hängen sie in die äußersten Enden von dünnen Zweigen, um sie so vor Landräubern zu schützen.

Im Infogebäude am Eingang erfährt man mehr über den Schnäpper (geöffnet tgl. auf Anfrage).

OUR LADY OF ASSUMPTION 4 a3

Südlich des Reservats steht eine katholische Kirche. Zu Ehren ihrer Schutzpatronin begehen die Insulaner Mariä Himmelfahrt *(Assumption Day)* am 15. August mit einem feierlichen Gottesdienst und einer Prozession. Ganz La Digue ist dann auf den Beinen. > mehr S. 13 Punkt 9

L'UNION ESTATE 5 a3

Am südlichen Ende der Hauptstraße entlang der Westküste geht es geradeaus weiter zum L'Union Estate. Hier kann man Interessantes zur

ECHTE VANILLE

Die ursprüngliche Heimat der Vanille ist Mexiko. Nur dort leben Vögel und Insekten, die die kompliziert geformte Blüte auf natürliche Weise bestäuben können. Außerhalb Mexikos muss die Befruchtung künstlich vorgenommen werden. Dies ist extrem aufwendig, weil sich die cremefarbenen Blüten lediglich für drei Stunden öffnen und dann abfallen, falls keine Bestäubung von Hand erfolgte. Die Pflanze entwickelt im Laufe von sechs bis acht Monaten Büschel zunächst grüner Schoten, die ab Mai geerntet und anschließend mehrere Wochen auf Holzrosten in der Sonne getrocknet werden. Währenddessen verfärben sich die Schoten dunkelbraun, und es entwickelt sich das süß duftende Vanillin. Der Anbau von Vanille auf den Seychellen wirft heute keine großen Erträge mehr ab. Die Vanille ist ein Orchideengewächs und kann bis zu 10 m hochranken. In der Nähe von ehemaligen Plantagen findet man noch viele wild wachsende Vanilleranken > S. 53.

Auf dem L'Union Estate

Kopraerzeugung erfahren. Das gemahlene Kokosmark besaß früher große wirtschaftliche Bedeutung für die Seychellen. Auf dem Gelände wird gezeigt, wie die geernteten Kokosnüsse geschält, gespalten und dann im Ofen zu Kopra getrocknet werden. In einer ochsengetriebenen **Mühle** presst man anschließend aus der Kopra hochwertiges Kokosöl.

Am Eingangshäuschen gibt es auch getrocknete Vanilleschoten › S. 124 zu kaufen. Obwohl seit der Produktion synthetischer Vanille der Anbau der Pflanze wenig rentabel ist, wird sie auf der Plantage noch kultiviert.

Auf dem kleinen **Friedhof** hinter dem Eingang fanden die ersten Siedler der Insel ihre letzte Ruhestätte. Das ehemalige Pflanzerhaus – wie der Friedhof ein Nationaldenkmal – ist nicht zu besichtigen. Es ist die Inselresidenz des Präsidenten und wurde auch schon als Filmkulisse genutzt.

Am Fuß des mächtigen **Giant Union Rock** leben einige Riesenlandschildkröten in einem großen Gehege.

Südlich vom L'Union Estate gelangt man zu den offenen Hallen einer kleinen Bootswerft, in der bis vor wenigen Jahren noch die Holzschoner der Einheimischen gebaut und repariert wurden (Eintritt für das Gelände ca. 7 €, tgl. 7–17 Uhr).

VERKEHR

- Auf dem Grundstück von L'Union Estate landen die Hubschrauber für den Transfer zu anderen Inseln.

HOTEL

L'Union Chalets €€€

Komfortable Bungalows in ruhiger Lage am Strand. Selbstversorgung ist möglich, doch es gibt auch ein Restaurant in der benachbarten La Digue Island Lodge › S. 123.

- Tel. 4292525
  www.ladigue.sc

ANSE SOURCE D'ARGENT 6 ★9 a4

Zu der Bucht mit den berühmtesten Stränden der Seychellen › unten gelangt man über einen Fußweg von der ehemaligen Bootswerft. Eine Silberquelle, wie es der Name verspricht, gibt es dort zwar nicht, dafür aber feinsten silbrigen Sand. Ein Pfad schlängelt sich zwischen den mächtigen Granitblöcken hindurch, dazwischen ragen einzelne grazile Kokospalmen auf. Das Meer ist hier flach, Schwimmen und Schnorcheln im glasklaren Wasser sind bei Flut aber durchaus verlockend.

FILMREIF

Die bizarren Felsformationen am Strand der Anse Source d'Argent sind wirklich weltweit einzigartig. Wenn Sie trotzdem das Gefühl haben, sie schon einmal gesehen zu haben, dann liegt es daran, dass sich Filmemacher gern dieser Traumkulisse bedienen, um Filminseln in aller Welt darzustellen. So war La Digue der stille Star in Roman Polańskis »Pirates« (1986), in Caleb Deschanels »Crusoe« (1988) oder in Jonathan Frakes' »Thunderbirds« (2004). Dem mitteleuropäischen Publikum am bekanntesten ist wohl die Rolle der Insel in Werbespots für weiße »schokoladenfreie« Pralinen sowie für eine große US-Rummarke mit dem besonderen »Feeling« – auch wenn das hochprozentige Getränk in der Karibik gebrannt wird.

ANSE SÉVÈRE 7 a1 UND ANSE PATATES 8 b1

Auch an der **Anse Sévère** ist das Wasser recht flach, im Gegensatz zur folgenden **Anse Patates,** die nicht von einem Riff geschützt wird. Eine herrliche Aussicht auf das Meer und die umliegenden Inseln (Petite Sœur, Grande Sœur, Île Cocos, Félicité) bieten hier die Restaurants der beiden Hotels.

HOTELS

Le Domaine de l'Orangeraie €€€
45 stilvoll eingerichtete Villen; erstklassiges Restaurant, leckerer Fisch.
• Anse Sévère | Tel. 4299999
www.orangeraie.sc

Patatran Hotel €€€
Kleine Bungalows oberhalb der Bucht.
• Anse Patates | Tel. 4294300
www.patatranseychelles.com

Hôtel L'Océan €€
Kleines Hotel mit schöner Aussicht oberhalb der Bucht; sehr gutes Restaurant mit kreolischen Spezialitäten.
• Anse Patates | Tel. 2594303
www.hotellocean.sc

GRAND' ANSE 9 b4

Von der Inselmitte aus führt ein Hauptweg zur größten Badebucht von La Digue mit breitem feinsandigem Strand. Da kein Riff vorgelagert ist, muss man zwischen Mai und September allerdings beim Baden mit Einschränkungen wegen starker Brandung rechnen. Leider findet man hier kaum Schatten. Pluspunkt: Der Strand ist weniger überlaufen, weil er weniger bekannt ist als der an der Anse Source d'Argent, und er ist zudem leichter zu erreichen.

PETITE ANSE 10 c3 UND ANSE COCOS 11 c3

Von **Grand' Anse** aus erreicht man zu Fuß auch die kleinen Nachbarstrände **Petite Anse** (ca. 30 Min.) und **Anse Cocos** (weitere 30 Min.). Aufgrund des etwas beschwerlichen Zugangs findet man an den beiden Buchten garantiert ein einsames Plätzchen.

FÉLICITÉ

Auf der 4 km nordöstlich von La Digue gelegenen, nur knapp 3 km² großen Insel Félicité gab es bis in die 1970er-Jahre hinein noch eine Kokosplantage und eine kleine Siedlung. Danach entstand eine Insellodge, die inzwischen einem neuen Timesharing-Projekt Platz gemacht hat: Hier entstehen in mehreren Bauabschnitten und über mehrere Jahre rund zwei Dutzend exklusive Designervillen. Das danebenliegende Resort ist schon fertiggestellt.

HOTEL

Six Senses Zil Pasyon €€€
Edles Resort mit 30 Villen und 17 Privatresidenzen mit jeweils eigenem Pool.
- Félicité
  Tel. 4671000
  www.sixsenses.com/zilpasyon

Auch das winzige Felicité gehört zu den Granitinseln

HOTELINSELN

Auf der Insel North wird Naturschutz großgeschrieben

Eine Insel – ein Hotel: Luxus rundum, meist mehr Personal als Gäste und mehr (friedliche) Tiere als Menschen. Die Hotelinseln sind höchstens eine Flugstunde von der Hauptinsel entfernt, gefühlt liegen Welten dazwischen.

Das östliche und westliche Ende der Granitinselgruppe bilden die Inseln Frégate bzw. Silhouette mit ihrer kleinen Schwester North. Auf allen dreien gibt es zwar ein Hotel, doch ansonsten befinden die Inseln sich weitgehend im »Naturzustand«: So ähnlich dürften auch die großen Granitinseln ausgesehen haben, bevor Menschen sie besiedelten. Es gibt hier weder Straßen noch Autoverkehr, dafür schroffe Felsen und tropischen Urwald.

Die ursprünglichste der Inseln ist Silhouette. Sie ist flächenmäßig größer als La Digue und damit die drittgrößte Seychelleninsel. Kleiner und überschaubarer präsentieren sich dagegen Frégate und North.

Ganz im Unterschied zu diesem Trio sind Bird, Denis, Desroches und Alphonse wunderschöne, aber sehr flache Eilande aus Kalk, den Korallen in Jahrhunderten aufgebaut haben. Weil sie nördlich von Mahé liegen, zählt man Bird und Denis als einzige Koralleninseln zu den Inneren Inseln, während Desroches und Alphonse südwestlich von Mahé bereits zu den Äußeren Inseln gehören, die touristisch ansonsten nicht erschlossen sind.

Auf den Inseln waren zum Teil bis vor einigen Jahren Kokosplantagen in Betrieb, und deshalb sind die meisten noch reich mit Palmen bewachsen. Weite Lagunen, saubere, weiße Strände, auf denen man die Inseln meist auch umwandern kann, perfekte Möglichkeiten zum Baden und Schnorcheln sowie interessante, sehr fischreiche Tauchreviere zeichnen alle Inseln aus.

Die Hotelinseln sind das richtige Ziel für jene, die ihren Gedanken nachhängen möchten, denen ein Buch und das Naturschauspiel des Sonnenuntergangs über dem weiten Meer genügen.

Jedes Eiland hat eine Hotelanlage, die im Bungalowstil gehalten und ihrer Umgebung harmonisch angepasst ist. Auf den vier Koralleninseln nutzt man Regenwasserreservoirs zur Trinkwassergewinnung. Das Wasser zum Duschen kann leicht salzig sein, weil es aus dem Grundwasser stammt.

Alle Transfers vom internationalen Flughafen oder von anderen Inseln werden in Absprache mit dem Hotel bei oder nach der Buchung individuell arrangiert. Für einige Inseln gibt es feste Flugzeiten, bei anderen richtet sich der Transfer nach den Wünschen des Gastes. Tagesbesuche ohne Hotelbuchung sind außer auf Silhouette nicht möglich. Einige Inselhotels schreiben einen Mindestaufenthalt vor. Mangels alternativer Verpflegungsmöglichkeiten ist die Vollpension auf allen Inseln im Preis inbegriffen.

HOTELINSELN DER INNER ISLANDS

SILHOUETTE

KARTE: Seite 130
GRÖSSE: 20 km^2
TRANSFER: Boot (45 Min. bis 1 Std.) oder Hubschrauber (ca. 15 Min.) ab Mahé

Schroff steigt die 19 km nordwestlich von Mahé gelegene Insel aus dem Meer. An ihren felsigen und abweisenden Küsten, die streckenweise von Korallenriffen umgeben sind, gibt es praktisch nur drei mit dem Boot zugängliche Sandbuchten: im Norden Anse Mondon, an der Westseite Grand' Barbe und im Osten La Passe. Den Hauptteil der Insel nimmt pure Wildnis ein. Zwar wurden die ursprünglichen Wälder teilweise abgeholzt, dafür sind eingeführte Bäume nachgewachsen, vor allem die schnell wachsenden Albizien mit ihren schirmartigen Kronen, die sich inzwischen auf der ganzen Insel ausbreiten.

Die meisten der 200 Einwohner leben an der Bucht von **La Passe** 3 in einem kleinen Dorf mit Schule, Kirche, Laden und Krankenhaus. Viele von ihnen arbeiten in der Plantage, auf der Obst und Gemüse angebaut, Kopra gewonnen sowie Kühe und Schweine gehalten werden. Am Bootsanleger von La Passe landen auch die meisten Besucher, wenn sie auf dem Seeweg anreisen.

An die Familie Dauban, die Silhouette kolonisierte, erinnern – neben dem Namen des höchsten Inselberges – am südlichen Ende von La Passe ein entzückendes kleines **Mausoleum** im griechischen Stil, das zwischen Kokospalmen hervorschaut, sowie das **Pflanzerhaus** ganz nahe beim Anlegesteg. Heute befindet sich darin das kreolische Restaurant des luxuriösen Hotels Labriz. > mehr S. 16 Punkt 31

Der von Palmen wunderschön umrahmte Strand von La Passe, an dem sich neben dem Dorf auch die Anlage des **Hilton Seychelles Labriz Resort & Spa** befindet, erstreckt sich weit entlang der Bucht. Das Wasser ist hier aber recht flach, und zum Schnorcheln muss man sich sogar bei Flut erst durch einige Korallenblöcke ins Tiefe schlängeln.

Schwimmen und Schnorcheln kann man viel besser nördlich an der Sandbucht Anse Mondon 1. Wer die etwas mühsame Wanderung scheut, kann sich mit dem Boot hinbringen lassen.

Lohnend ist die **Inseldurchquerung** von La Passe zum Strand der Anse Grand' Barbe. Über den Pfad durch den dichten Tropenwald muss man rund 500 Höhenmeter überwinden – eine ebenso eindrucksvolle wie schweißtreibende Wanderung (ca. 1,5 Std.).

Der Ort **Grand' Barbe** 2 an der Westküste war früher das Zentrum der Kopraverarbeitung, was man noch unschwer an den langsam verfallenden Werkstätten und Schuppen erkennen kann. Viele in Diens-

INSELGESCHICHTEN

Der Inselname Silhouette geht auf den französischen Finanzminister Étienne de Silhouette zurück > S. 11. Man vermutet allerdings, dass arabische Seefahrer schon früher hier landeten, denn an der Anse Lascars wurde eine Reihe von Gräbern gefunden, deren Herkunft nie ganz geklärt werden konnte. Einer der ersten Siedler war um 1800 der ehemalige Korsar Jean François Houdoul. Gerüchte, nach denen er dort Schätze vergraben haben könnte, wollen nicht verstummen, einige Unverbesserliche haben bereits an mehreren Stellen erfolglos danach gegraben. Mitte des 19. Jhs. ging Silhouette in den Besitz der französischen Familie Dauban über, deren Nachkommen bis 1960 dort wohnten. Die Daubans brachten Soldaten, Mediziner, Kaufleute und Sportler hervor und heirateten sogar in den Kennedy-Clan ein. Henri, der letzte der Familie, starb vor einigen Jahren auf Mahé.

Reife Mangos frisch vom Baum mögen nicht nur Flughunde

ten der Daubans stehenden Arbeiter wohnten hier mit ihren Familien.

Mehr als 700 Höhenmeter durch dichten Urwald sind bei der Besteigung des **Mont Dauban** (740 m) **4**, des zweithöchsten Bergs der Seychellen, zu bewältigen (bitte diese Wanderung nur mit Führer unternehmen – bei den Einheimischen nachfragen). Der Gipfel hüllt sich allerdings gern in Wolken, sodass die Aussicht bis hinüber nach Mahé nicht immer garantiert ist.

Auf den Höhen von Silhouette wachsen die endemischen fleischfressenden Kannenpflanzen. Nach ihnen wurde der zweithöchste Gipfel, der **Mont Pot à Eau** (620 m) **6**, benannt. Hoch in den Bäumen hängen tagsüber scharenweise Flughunde › S. 49 mit dem Kopf nach unten. Erst am Abend werden sie aktiv und machen sich über die reifen Mangos und Brotfrüchte her.

INSELHOTELS

Hilton Seychelles Labriz Resort & Spa €€€

Das Resort, mehrfach als bestes Hotel der Seychellen ausgezeichnet, bietet Luxus pur: 17 Pool-Villen (185 m^2) und 93 Strand-Villen (88–101 m^2) sowie eine Presidential Villa (1200 m^2), dazu fünf Restaurants mit kreolischer, italienischer und asiatischer Küche und ein in den Fels eingebettetes Spa sowie ein PADI-Tauchzentrum.

- Tel. 4293949 www.seychelleslabriz.hilton.com

La Belle Tortue €€€

Alternative im kleinen Stil: neun Zimmer in vier Apartments und eine Villa in typisch kreolischer Bauweise.

- Tel. 2569708 | www.labelletortue.com

FRÉGATE ★

KARTE: Seite 133
GRÖSSE: 2 km²
TRANSFER: Mit dem Kleinflugzeug oder einem Hubschrauber ab Mahé (ca. 15 Min.)

Zwei Kilometer lang, eineinhalb Kilometer breit, bis 125 m über den Meeresspiegel ragend, liegt die Privatinsel Frégate 50 km östlich von Mahé. Seit 1976 die Graslandepiste angelegt wurde, kann man die Insel von Mahé aus auch mit dem Flugzeug erreichen – als einzige der Hotelinseln sogar bei Dunkelheit.

Neben der Landebahn breitet sich auf dem ebenen Küstenstreifen an der Nordostseite der Insel eine Plantage aus. Während die Kokospflanzungen nur noch als Dekoration dienen und zusehends verwildern, wird das Areal für Obst und Gemüse zur Selbstversorgung der Bewohner und Gäste weiter bewirtschaftet. Im Urwald von Frégate gedeihen zusammen mit wild wachsenden Zimtsträuchern, Bambus, Brotfrucht- und Drachenblutbäumen sowie Kokos- und Schraubenpalmen zahlreiche Würgerfeigen.

Frégate ist heute in Privatbesitz. Die touristische Entwicklung der Insel begann in den 1970er-Jahren. Zunächst wohnten die Urlauber im Pflanzerhaus, inzwischen gibt es eine exklusive Hotelanlage mit 16 Villen, die allen erdenklichen Luxus zu bieten hat.

Das **Pflanzerhaus** wurde renoviert und dient heute als Restaurant für die Hotelgäste, die hier Gerichte der kreolischen Küche serviert bekommen. Außerdem beherbergt es ein kleines Museum zur Geschichte der Insel.

Mehrere z.T. asphaltierte und mit Golfcarts befahrbare Wege durchqueren die Insel und führen zu verschiedenen Stränden. Zu den schönsten zählt die Anse Victorin, etwa 30 Minuten Fußmarsch vom Pflanzerhaus entfernt an der Nordwestseite. Ebenfalls reizvoll ist die **Anse Bambous** am nördlichen Ende der Landepiste. Eingerahmt von Granitfelsen besitzen beide den feinsten Sand, der auf den Seychellen zu finden ist. Ohne schützendes Korallenriff sind sie während des Nordwestmonsuns zwischen Dezember und März allerdings oft hohen Wellen ausgesetzt, Schwimmen ist dann nur mit Vorsicht möglich. An der **Anse Parc** findet man bei Flut herrliche Schnorchelreviere.

Die Attraktion von Frégate sind die vielen wild lebenden Riesenlandschildkröten › S. 135. Sie stam-

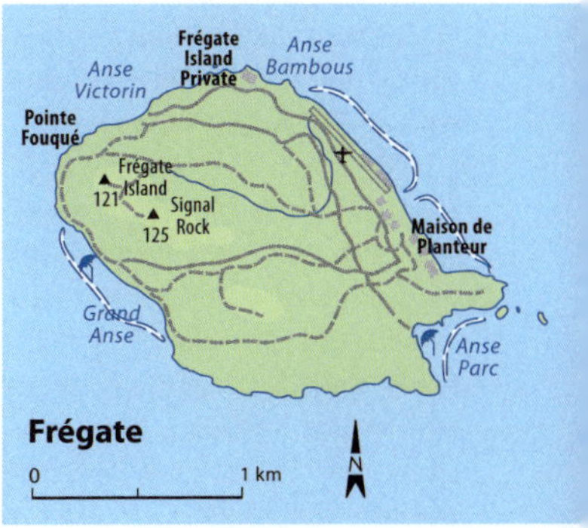

Karte S. 133, Klappe hinten

men alle nicht von hier, sondern wurden von Aldabra eingeführt, inzwischen stellt sich aber auch auf Frégate der Nachwuchs ein. Bei Wanderungen über die Insel kann man die Panzertiere überall beobachten, wie sie mit ruckartigen Bewegungen herabgefallene Früchte vertilgen, sich in Schlammlöchern suhlen oder sich unter röhrendem Stöhnen paaren.

Seit alters auf der Insel zu Hause ist einer der seltensten Vögel der Welt: Der Seychellendajal (Seychellenschamadrossel) sieht aus wie eine Amsel mit weißen Flügelflecken und kommt nur noch in wenigen Paaren vor. Jeder Vogel wird registriert und mit einem Fußring markiert. Für Touristen eher unscheinbar, ist die Elsterdrossel für Ornithologen jedoch eine Besonderheit. Man bekommt den zutraulichen Vogel öfters in der Nähe des Pflanzerhauses und auf Streifzügen über die Insel zu Gesicht.

Frégate bietet mit seiner dichten Vegetation noch vielen anderen Vogelarten Lebensraum. Wer sich für die einheimische gefiederte Zunft interessiert, lernt hier einen guten Querschnitt davon kennen: Madagaskar- und Seychellenweber, Hirtenstare, Hollandtauben, Nektarvögel, Feen- und Noddyseeschwalben. Häufig kreist auch in den Aufwinden über Land der fluggewandte Bindenfregattvogel. Bevor die Menschen kamen, war er auf Frégate der König und die Insel einer seiner bevorzugten Brutplätze. Heute brütet er jedoch nur noch auf dem Aldabra-Atoll › S. 148.

INSELHOTEL

Frégate Island Private €€€

Maximal 40 Gäste verteilen sich auf 16 wunderschöne Villen (400–700 m²) im Kolonialstil, Gourmetküche wird im Pflanzerhaus oder an jedem beliebigen Ort der Insel serviert. Luxusspa, Kinderclub und eine Marina mit PADI-Tauchzentrum komplettieren das exklusive Angebot.

- Tel. 4397100
  Tel. in Deutschland 069 247549400
  www.fregate.com

NORTH 10

KARTE: Klappe hinten
GRÖSSE: 2 km²
TRANSFER: Hubschrauber ab Mahé (ca. 20 Min.)

Die »Île du Nord« war im Jahr 1609 eine der ersten Seycheleninseln, die von Europäern erforscht wurde. Als »North Island« machte sie gut 400 Jahre später weltweit Schlagzeilen, als das britische Thronfolgerpaar hier seine Flitterwochen verbrachte. In den Jahren dazwischen erlebte North eine wechselvolle Geschichte: Nachdem sich die Kokosplantage der Insel in den 1970er-Jahren als unrentabel erwies, wurde North zunächst verlassen. Mittlerweile war die Insel aber fest in der Hand von Tier- und Pflanzenarten, die der Mensch hier eingeschleppt hatte. Es bestand daher kaum eine Chance, dass sich die Natur aus eigener Kraft erholte, und so lag es wieder in der Hand des Menschen, die Insel wenigstens annähernd in ihren natür-

SCHILDKRÖTEN – GESCHÖPFE DER URZEIT

Falls Sie sich anfreunden möchten: Riesenlandschildkröten lassen sich gern füttern

Wenige urzeitliche Tiere haben die Jahrmillionen so unverändert überstanden wie **Riesenlandschildkröten,** und kaum eine Spezies wird älter. Den ältesten von ihnen, wie dem berühmten Esmeralda (tatsächlich ein Männchen) von Bird Island › S. 137, sagt man ein Alter von etwa 200 Jahren nach. Ob sie allerdings ihr Höchstalter erreichen, hängt auch davon ab, ob der Mensch es zulässt. Piraten nahmen sie einst als Fleischvorrat an Bord, und die frühen Siedler ernährten sich von den leicht zu fangenden Tieren, bis sie Anfang des 19. Jhs. fast ausgerottet waren. Nur auf dem Aldabra-Atoll überlebte eine Kolonie. Von dort stammen alle Tiere, die heute auf den Seychellen-Inseln leben.

Auch **Meeresschildkröten** fanden ideale Lebensbedingungen in den Gewässern der Seychellen, bis Menschen in die Region kamen. Diese gruben die als Delikatesse geschätzten Eier aus und schlachteten die beim Landgang unbeholfenen Muttertiere zu Tausenden ab: die Suppenschildkröte, um ihr Fleisch zu essen, die Echte Karettschildkröte, um aus ihrem Panzer Kämme, Fächer oder Schmuck zu fertigen.

Inzwischen stehen alle Schildkrötenarten auf den Seychellen unter Naturschutz, der Export von Schildpatt ist streng verboten. Dennoch ist die Suppenschildkröte im Norden der Seychellen praktisch ausgerottet. Der Karettschildkröte kann man beim Tauchen und Schnorcheln noch begegnen. Meeresschildkröten kommen auf den Seychellen – im Gegensatz zu anderen Gegenden – in der Zeit zwischen Oktober und Februar sogar tagsüber zur Eiablage an Land, z. B. auf Curieuse › S. 110.

lichen Zustand zurückzuführen – doch das kostete viel Geld.

Unter diesen Voraussetzungen erwuchs eine einzigartige Symbiose: Gleichzeitig mit dem 2002 eröffneten Hotel wurden auf North auch die Maßnahmen zum Natur- und Artenschutz vorangetrieben. Mit dem aus dem Hotelbetrieb erwirtschafteten Gewinn wird unter anderem die Ansiedlung von Tierarten gefördert, die auf anderen Inseln bereits kurz vor dem Aussterben standen. Mit diesem systematischen Naturschutz wird nicht nur das Gewissen der Urlauber beruhigt, sondern das Hotel kann auch eine echte Attraktion anbieten: Die Gäste werden ausführlich über aktuelle Naturschutzprojekte informiert und dürfen auch daran teilnehmen.

Aktivurlauber können neben Spaziergängen und Radtouren über die hügelige Insel auch Ausflüge zum Tauchen, Angeln oder Kajakfahren sowie zur großen Schwesterinsel Silhouette ein paar Kilometer südlich unternehmen. Schwimmen und Schnorcheln sind rund um die Insel möglich.

INSELHOTEL

North Island €€€

Das Resort besteht aus elf traumhaften, individuell gestalteten Villen (je 450 m²) mit privatem Pool. Speisen aus frischen Zutaten werden nach Wünschen der Gäste individuell zubereitet. Zudem gibt es Spa, Fitnessraum, PADI-Tauchbasis, Mountainbike- und Kajak-Verleih.

- Tel. 4293150
  www.north-island.com

Meer, Sand, Palme, weiches Daybed – so geht Urlaub auf North

BIRD 11

KARTE: Klappe hinten
GRÖSSE: 0,7 km²
TRANSFER: Kleinflugzeug tgl. ab Mahé (ca. 30 Min.)

Rund hundert Kilometer von Mahé entfernt ist Bird Island der nördlichste Vorposten des Seychellen-Archipels. Obwohl sie – wie Denis – keine Granitinsel ist, wird sie mit dieser Nachbarinsel aufgrund ihrer Lage zu den Inneren Inseln gezählt. Ursprünglich hieß Bird »Île aux Vaches«, weil es in ihrer Nähe angeblich Seekühe *(vaches marines)* gab. Aus heutiger Sicht ist der aktuelle Name auf jeden Fall treffender, denn Ende der 1960er-Jahre ließ der Inseleigner Guy Savy alle Kokospalmen am Nordostende roden, um den Seevögeln, die vor der Besiedlung auf die Insel zum Brüten kamen, die Rückkehr zu ermöglichen.

Sie haben das Angebot dankbar angenommen. Heute sind es über eine Million Rußseeschwalben, die jedes Jahr zwischen April und Oktober hier ihre Eier legen und lärmend mit den Jungen das Fliegen üben. Den Rest des Jahres verbringen die Vögel über dem offenen Meer. Besucher können den Brutbetrieb aus nächster Nähe miterleben. Auf der Insel nisten auch Noddy- und Feenseeschwalben, die gern zu zweit ihre Runden drehen. Viele andere Vögel sind das ganze Jahr über auf Bird Island zu Hause, darunter die Sperbertäubchen, Madagaskarweber, Hirtenstare und Steinwälzer. Hoch über der Insel kreisen Bindenfregattvögel, die von der weit entfernten Insel Aldabra herüberkommen. > mehr S. 12 Punkt 5

Von Aldabra stammt auch der älteste Bewohner von Bird Island: Die Riesenlandschildkröte *(Aldabrachelys gigantea)* Esmeralda – entgegen dem Namen ein Männchen – soll 300 kg wiegen und an die 200 Lebensjahre auf seinem mächtigen, 1,80 m langen Panzer herumschleppen. Esmeralda gilt als die älteste Riesenlandschildkröte der Welt. Gern lässt er sich fotografieren und mit reifen Papayas füttern > S. 135. Das Meeresschildkrötenprojekt wurde 1995 ins Leben gerufen, und seither wurden über 350 dieser Reptilien erfasst und überwacht. Die empfindlichen Eier werden aus den unsicheren Nestern eingesammelt und sicher aufbewahrt, bis die Jungen schlüpfen. Gäste auf der Insel können zum geeigneten Zeitpunkt zuschauen, wie Hunderte dieser winzigen Kreaturen ihre Eier verlassen und über den Strand ins Meer watscheln.

Zu den übrigen Bewohnern zählen neben den Besuchern sonst nur noch die Angestellten; Obst, Gemüse und Schweinefleisch stammen aus inseleigener Produktion.

Zum Schnorcheln empfiehlt sich der südöstliche Teil der Insel, dem ein Korallenriff vorgelagert ist. Hier ist das Wasser teilweise flach; man sollte jedoch unbedingt auf Strömungen achten. Im Westen lädt direkt vor der Lodge ein herrlicher Badestrand zum Schwimmen ein.

Das kleine Denis ist nur ein grüner Tupfen im endlos blauen Meer

INSELHOTEL

Bird Island Lodge €€€

Logiert wird in 24 bewusst einfach ausgestatteten, aber großzügigen und wohnlichen Chalets mit Veranda und Meerblick, inmitten einer alten Kokosplantage gelegen. Das Büfettrestaurant im rustikalen Haupthaus serviert gute Inselküche.

- Tel. 4323322 | Reservierung Tel. 4224925 www.birdislandseychelles.com

DENIS

KARTE: Klappe hinten
GRÖSSE: 1,5 km^2
TRANSFER: Hubschrauber oder Kleinflugzeug tgl. ab Mahé (ca. 30 Min.)

Denis, 90 km von Mahé entfernt, ist zwar doppelt so groß wie ihre Schwesterinsel, das 50 km östlich gelegene Bird, ihr aber ansonsten nicht unähnlich. Auch sie besitzt ein schützendes Korallenriff an der Ost- und Südküste, ist allerdings weitaus dichter bewachsen. Üppig gedeihen Kokospalmen, Kasuarinen, Takamaka- und Indische Mandelbäume; zahlreiche Wege führen durch das vegetations- und vogelreiche Inselinnere.

Auf Denis, das in Privatbesitz ist, leben rund 50 Insulaner in der ehemaligen Pflanzersiedlung, die sich gleich hinter der Landebahn erstreckt. Einige historische Häuser und ein Leuchtturm sind noch erhalten. Auf dieser Seite der Insel halten die Bewohner aucb Vieh und pflanzen Gemüse an.

Traumhafte, feinsandige Badestrände findet man am Nordwestende vor den Bungalows. Hier liegen auch die Schnorchelreviere, wo man Adlerrochen und Karettschildkröten begegnen kann. Die Insel hat eine PADI-Tauchbasis, und herrliche, kaum berührte Tauchgründe gibt es in der Nähe reichlich. Zudem sind Möglichkeiten zum Segeln, Windsurfen oder Kajakfahren vorhanden. Frühaufsteher können die auf der Insel ansässigen Ranger der Green Islands Foundation begleiten, wenn sie Meeresschildkröten oder gefährdeten Vogelarten nachspüren. Gern erzählen die Naturschützer dabei von ihren aktuellen Projekten und wie man durch Adoptions- und andere Programme zur Erhaltung der Tiere beitragen kann. > mehr S. 12 Punkt 8

INSELHOTEL

Denis Private Island €€€

Die 23 geräumigen Cottages (90 m²) und zwei Villen (169 und 325 m²) der eleganten Anlage verteilen sich im Tropengarten am Strand. Das ausgezeichnete Büfettrestaurant bietet Spezialitäten mit Fangfrischem aus dem Meer und Gemüse aus Inselanbau.

- Tel. 4295999
  Reservierung (Mahé): Tel. 4288963
  www.denisisland.com

HOTELINSELN DER OUTER ISLANDS

DESROCHES

KARTE: Klappe hinten
GRÖSSE: 3,2 km²
TRANSFER: Kleinflugzeug tgl. ab Mahé (ca. 45 Min.)

230 km südwestlich von Mahé liegt die 6 km lange und 1 km breite Insel, die zu den Amiranten gehört. Die touristische Erschließung der Insel ist noch recht jung, einst war die Kopragewinnung die einzige Erwerbsquelle der Inselbewohner. Ihre Kopra galt als die hochwertigste des Indischen Ozeans.

Die 50 auf Desroches verbliebenen Insulaner leben auch heute noch in bescheidenem Umfang vom Ertrag der Palmenplantagen. Sie wohnen in einer alten Siedlung, deren schönstes Gebäude das 1925 errichtete White House ist. Es dient jetzt dem Verwalter von Desroches als Wohnung. Vom Leuchtturm am östlichen Ende der Insel kann man eine herrliche Aussicht genießen.

Rund 15 km Strand aus weißem Sand umgeben Desroches. Leicht kann man die Insel in wenigen Stunden zu Fuß umrunden (am besten bei Ebbe). Wer Schatten bevorzugt, streift zu Fuß durchs dicht bewachsene Innere der Insel oder

Karte: Klappe hinten

leiht sich eines der Hotelfahrräder. Man sollte auf keinen Fall barfuß losziehen, da teils scharfe Korallensteine bis an den Strand reichen.

Desroches bietet einer vielfältigen Vogelwelt Lebensraum, darunter Sperbertäubchen, Seychellenweber und Feenseeschwalben. An den Stränden im Süden und Nordosten kommen von Oktober bis Januar Karettschildkröten und in den übrigen Monaten Suppenschildkröten zur Eiablage an Land.

Dass frischer Fisch auf dem Speiseplan des Inselhotels steht, dafür sorgen nicht zuletzt die Hochseeangler, für die die Region der Amiranten ein Dorado ist. Die Plaketten am Wassersportzentrum verkünden Rekordfänge, darunter Speer- und Fächerfische.

Den schönsten Badestrand findet man nahe der Landepiste im Westen der Insel. Andere gut zum Schnorcheln und Schwimmen geeignete Plätze gibt es an der Nordwestseite bei den Villen, obwohl das Wasser bei Ebbe hier etwas flach ist. Windsurfer finden auf Desroches gute Bedingungen, auch Kajakfahren sind möglich.

Für Taucher ist Desroches die beste Adresse der Seychellen: Die Insel liegt auf einem unterseeischen Atollring, der zum offenen Meer steil abfällt und mit vielen Schluchten, Grotten und Tunneln durchsetzt ist. Von November bis Mai finden erfahrene Taucher hier sehr gute Bedingungen vor, von Mai bis September ist Tauchen nur in der flachen Lagune möglich. Dem Inselhotel ist ein PADI-Tauchzentrum angegliedert, das Kurse und Ausflüge zu den interessantesten Tauchgründen anbietet.

INSELHOTEL

Four Seasons Resort Seychelles at Desroches Island €€€

Nach Umbau und Renovierung (2017) bietet das Resort 67 Luxus-Baumhausvillen und -suiten am Hang und in Strandnähe. Zwei Restaurants, Yoga gratis.

- Tel. 4229400
  www.fourseasons.com/seychellesdesroches

ALPHONSE

KARTE: Klappe hinten
GRÖSSE: 1,7 km²
TRANSFER: Kleinflugzeug ab Mahé (ca. 1 Std.)

Das dreieckige Atoll 400 km südlich von Mahé, auf dem im 19. Jh. eine Kokosnussplantage lag, bietet neben einem Luxusresort Riffe und eine Lagune, die ein Paradies für Fliegenfischer darstellt. Seit Oktober 2016 ist die Alphonse Island Lodge ganzjährig geöffnet und bietet neben Angelausflügen auch Tauchen, Schnorcheln und Freizeitaktivitäten an Land an.

INSELHOTEL

Alphonse Island €€€

Fünf Beach-Suites und 22 Beach-Bungalows auf Stelzen, alle mit Meerblick-Veranda an der Lagune gelegen.

- Tel. 4964570
  www.alphonse-island.com

EXTRA-TOUREN

Unter Wasser kommt es zu Begegnungen, die man nie mehr vergisst

TOUR 13

DREI INSELN IN ZWEI WOCHEN

ROUTE: Mahé > Praslin > La Digue > Mahé

KARTE: Klappe hinten
DAUER: Insgesamt 14 Tage; Transferzeiten: **Mahé > Praslin** 45 Min. Überfahrt mit der Fähre; **Praslin > La Digue** 15 Min. Überfahrt mit der Fähre; **La Digue > Mahé** 20 Min. Hubschrauberflug
VERKEHRSMITTEL: Es verkehren Schnellfähren von Mahé nach Praslin (2- bis 3-mal tgl., Inter Island Boats, Reservierung > **S. 27** einige Tage vorab) und von Praslin nach La Digue (6- bis 8-mal tgl. Inter Island Ferry, Reservierung > **S. 27** am Vortag). Hubschrauber von Zil Air fliegen von La Digue nach Mahé (auf Anfrage > **S. 26** vorab). Zur Fortbewegung auf den Inseln bieten sich Mietautos auf Mahé und Praslin und Fahrräder auf La Digue an.

Angesichts der geringen Größe der Inseln ist es nicht sinnvoll, auf jeder Insel mehrere Quartiere zu beziehen. Buchen Sie deshalb eine Unterkunft an beliebiger Stelle auf jeder der drei Inseln und fahren Sie von dort aus zur jeweiligen Tagesetappe der nachfolgend beschriebenen Inselrundfahrten.

Geht man davon aus, dass Sie auf **Mahé** > S. 68 an der beliebten, viel besuchten und hinsichtlich ihres Freizeitangebots abwechslungsreichen **Beau Vallon Bay** > S. 85 Ihr Hotel gebucht haben, dann können Sie gleich am ersten Tag in Ruhe die nähere Umgebung erkunden, sich mit dem Umfeld Ihres Hotels vertraut machen und sich am Strand, der auch viel Schatten bietet, vorsichtig an die Tropensonne gewöhnen. Am nächsten Tag sind Sie dann bereit für Ihre erste Erkundungsfahrt mit dem Pkw. Fahren Sie gleich nach dem Frühstück los, umrunden Sie die **Nordhalbinsel** > S. 88 von Mahé, parken Sie in **Victoria** > S. 77 und schauen Sie sich bei einem gemütlichen Stadtbummel die Hauptstadt der Seychellen an. Es wird Ihnen danach noch genügend Zeit für einen Nachmittag am Strand bleiben. Der dritte Tag führt Sie von Victoria aus über die **Sans Souci Road** > S. 90 an die Westküste. Biegen Sie hier in **Port Glaud** > S. 91 nach rechts ab und folgen Sie der Straße bis ans Ende an der **Baie Ternay** > S. 92, wo Sie den Nachmittag mit Baden und Schnorcheln verbringen können. Am vierten Tag nehmen Sie an der Abzweigung in Port Glaud nun den anderen Weg entlang der Küste, indem Sie nach links abbiegen. Genießen Sie zuerst die Küstenstraße mit ihren reizvollen Ausblicken und anschließend den Nachmittag an der herrlich abgelege-

Die Anse Takamaka an der Westküste von Mahé

nen **Anse Soleil** > S. 94. Am fünften Tag setzen Sie Ihre Reise entlang der Westküste zunächst fort, vorbei an der **Baie Lazare** > S. 95 bis zur **Anse Takamaka** > S. 96. Hier biegen Sie ins Landesinnere ab und machen einen Abstecher zur berühmten **Anse Intendance** > S. 96. Anschließend geht es an der Ostküste entlang wieder in Richtung Norden bis zur **Anse Royale** > S. 98. Einen schönen Abschluss des Tages bildet ein Besuch des **Jardin du Roi** > S. 98, der bis 17.30 Uhr geöffnet ist. Tag sechs beginnt mit der Besichtigung der **Domaine de Val des Près** > S. 98. Sehen Sie sich in dem historischen Kolonialanwesen mit angeschlossenem Kunsthandwerkerdorf in Ruhe um. Anschließend fahren Sie zurück nach Victoria bzw. Beau Vallon.

Am siebten Tag setzen Sie mit der Schnellfähre nach **Praslin** > S. 100 über. Am besten nehmen Sie die früheste Fähre – an manchen Wochentagen legt diese bereits um 7.30 Uhr ab. Auf Praslin angekommen, fahren Sie mit dem Taxi oder Mietwagen zu Ihrem Hotel, das vermutlich an der Nordostküste liegt. Verbringen Sie den Rest des Tages am weitläufigen Strand der **Anse Volbert** > S. 108. Am achten Tag Ihrer Reise erkunden Sie den Norden Praslins bis zur bekannten und beliebten **Anse Lazio** > S. 108. Hier können Sie auch zu Mittag essen und den Nachmittag am Strand verbringen. Am neunten Tag fahren Sie in die andere Richtung: zur **Baie Ste. Anne** > S. 110 und in die berühmte **Vallée de Mai** > S. 113. Tag zehn ist der **Südwestküste** > S. 114 vorbehalten: Die Fahrt führt über die Baie Ste. Anne von der **Anse Marie-Louise** > S. 113 bis hinauf zur **Anse Kerlan** > S. 118.

Ein erneuter Inselwechsel steht am elften Tag an. Diesmal müssen Sie nicht ganz so früh aufstehen – es muss nicht unbedingt die 7-Uhr-Fähre sein. Fahren Sie nach dem Frühstück und dem Auschecken aus dem Hotel zur Baie Ste. Anne und nehmen Sie die 9-Uhr-Fähre nach **La Digue** › S. 119. Wenn Sie Ihr Urlaubsdomizil bezogen haben, können Sie per pedes oder Leihfahrrad die Umgebung erkunden. Am nächsten Tag geht es in den Norden der Insel, zur **Anse Sévère** › S. 126 und, je nach Lust und Laune, auch weiter um die Nordspitze. Tag dreizehn ist für den Süden vorgesehen, genauer gesagt für **L'Union Estate** › S. 124 und den traumhaften und durch Werbeaufnahmen weltbekannten Strand an der **Anse Source d'Argent** › S. 126 – sicherlich einer der Höhepunkte Ihres Urlaubs. Gehen Sie aber früh los oder kommen Sie am späten Nachmittag zum Sonnenuntergang noch einmal zurück, um Menschenmassen aus dem Weg zu gehen – oder wandern Sie mit ortskundiger Führung zur Anse Marron › S. 120. Am nächsten Tag heißt es Abschied nehmen: Ein Hubschrauberflug mit Zil Air, den Sie einige Tage vorher reserviert haben, bringt Sie am Nachmittag vom Landeplatz auf L'Union Estate zurück nach **Mahé.** Alternativ dazu können Sie auch am nächsten Morgen die (preiswertere) Fähre nehmen.

Die von Berghängen gesäumte Beau Vallon Bay auf Mahé – ein Bilderbuchstrand

TOUR 14

WANDERN UND BADEN AUF MAHÉ UND PRASLIN

ROUTE: Mahé > Praslin > Mahé

KARTE: Klappe hinten
DAUER: Insgesamt 14 Tage; Transferzeiten: **Mahé** > **Praslin** 45 Min. Überfahrt mit der Fähre; **Praslin** > **Mahé** 15 Min. per Flugzeug
VERKEHRSMITTEL: Die Personen-Schnellfähre verkehrt täglich zwischen Mahé und Praslin › **S. 26**, Air Seychelles bietet Linienflüge mit kleinen Propellermaschinen (unbedingt vorab reservieren › **S. 26**). Bei einem guten Dutzend möglicher Flüge pro Tag können Sie den Zeitpunkt so wählen, dass Sie etwa 2 bis 3 Stunden vor Ihrem Heimflug auf Mahé landen, um ein reibungsloses Umsteigen am Flughafen ohne unnötige Wartezeiten zu gewährleisten. Für individuelle Erkundungen empfehlen sich auf beiden Inseln Mietwagen.

Auch bei dieser Tour ist auf **Mahé** › S. 68 der Ausgangspunkt **Beau Vallon Bay** › S. 85, wo der erste Tag dazu dient, die nähere Umgebung kennenzulernen und sich an das Klima zu gewöhnen. Am zweiten Tag unternehmen Sie als Einstieg eine leichte und kurze Wanderung zur **Anse Major** › S. 74, hier können Sie einen Teil des Tages am schönen und einsamen Strand mit Baden und Picknicken verbringen. Am dritten Tag geht es zum ersten Mal in die Berge: Zu Fuß am Ostufer der Beau Vallon Bay ein Stück an der Hauptstraße entlang (oder per Taxi) erreichen Sie den Beginn des Wanderwegs, der bei **Glacis** die **Nordhalbinsel** › S. 88 überquert – ein leicht zu bewältigender Fußweg, der Sie an **La Gogue,** dem größten Trinkwasserreservoir der Insel, vorbeiführt. Auf der etwa dreistündigen Bergtour werden Sie mit schönen Ausblicken belohnt, u. a. auf die Nachbarinsel Silhouette. Der Weg endet an der Ostküste bei der **Anse Étoile** › S. 88, wo Sie an der Hauptstraße entlang nach Süden wandern können, um in die Hauptstadt **Victoria** › S. 77 zu gelangen. Von dort bringen Sie Bus oder Taxi zurück ins Hotel. Danach haben Sie sich einen Ruhe- und Badetag verdient, bevor Sie am fünften Tag den Aufstieg auf den **Morne Seychellois** (905 m) › S. 75 im gleichnamigen Nationalpark wagen. Für diese schwierige Wanderung von 6 bis 8 Stunden Dauer sollten Sie vorab einen orts- und naturkundigen Führer › S. 40 engagieren, da der Pfad leicht zu verlieren ist und außerdem einige Sicherheitsbestimmungen zu beachten sind. Zudem wird der Guide Ihnen interessante Erläuterungen zu Flora und Fauna geben können. Der Beginn des Weges liegt an der Passhöhe der **Sans Souci Road** › S. 90. Eine ungetrübte Aussicht ist nicht immer garantiert, da sich der Gipfel häufig in Wolken hüllt. Am sechsten Tag geht es entspannter weiter: vormittags mit der Besteigung des **Morne Blanc** (667 m) › S. 91, einer mittelschweren Wanderung von zwei Stunden, und anschließender Besichtigung der **Mission Lodge** › S. 91, ebenfalls an der Sans Souci Road. Der Weg beginnt oberhalb der **Tea Factory** › S. 91. Den nächsten Tag verbringen Sie entspannt in den Buchten der Nationalparks **Baie Ternay** und **Port Launay** › S. 92 im Nordwesten. Dann sind Sie am folgenden Tag fit für eine komplette Inselüberquerung im Süden: Die Wanderung von der **Anse à la Mouche** › S. 93 im Westen zur **Anse Royale** › S. 98 im Osten führt über öffentliche Wege und ist leicht in 4 Stunden zu bewältigen. An Tag neun können Sie zur **Montagne Brûlée** › S. 76 aufsteigen und anschließend in der **Domaine de Val des Près** › S. 98 ein paar Andenken kaufen.

Am zehnten Tag setzen Sie mit dem Katamaran frühmorgens von Mahé nach **Praslin** › S. 100 über und verbringen den Rest des Tages in der Nähe Ihres Hotels an der **Anse Volbert** › S. 108. An den drei folgenden Tagen erwandern Sie die Insel in drei Touren: von der Anse Volbert zur **Baie Ste. Anne** › S. 110 (Tag 11), von dort dann durch die **Vallée de Mai** › S. 113 (Tag 12) und am letzten, dem 13. Tag an der Westküste bis zur **Anse Kerlan** › S. 118. Unterwegs statten Sie der **Black Pearl Ocean Farm** › S. 115 noch einen Besuch ab und nehmen vielleicht ein kostbares Souvenir von Praslin mit. Von der Westküste aus geht es am letzten Tag per Flugzeug zurück nach **Mahé.**

TOUR 15

GROSSE KREUZFAHRT ZU DEN ÄUSSEREN INSELN

ROUTE: Mahé › Amiranten-Gruppe › Alphonse-Gruppe › Cosmolédo-Atoll › Aldabra-Gruppe

KARTE: Klappe hinten
DAUER: Mindestens 14 Tage; ca. 1250 km (einfache Strecke)
VERKEHRSMITTEL: Die weit entlegenen Äußeren Inseln der Seychellen kann man auf Kreuzfahrten mit festem Fahrplan oder mit privaten bzw. gecharterten Jachten erreichen. Ganz allein sollte man sich auf dieses Abenteuer nicht einlassen – ein ortskundiger Skipper oder Lotse sind sehr zu empfehlen. Bei einer Kreuzfahrt zu den Äußeren Inseln bestehen zwei Optionen: im Rahmen einer großen Kreuzfahrt durch den Indischen Ozean mit Landgängen, oder von Mahé nach Aldabra bzw. in

Das Aldabra-Atoll wurde von der UNESCO zum Weltkulturerbe erklärt

Gegenrichtung auf einer kleinen Kreuzfahrt, z. B. mit dem Expeditionsschiff »Maya's Dugong« (www.aldabra-expeditions.com). Die Reise in der jeweiligen Gegenrichtung wird per Flugzeug zurückgelegt (ab/bis Assumption). Diese Kreuzfahrten werden abhängig von der jeweiligen SIcherheitslage angeboten > S. 27.

Die Fahrt nach Aldabra beginnt auf **Mahé** > S. 68 mit einem Orientierungstauchen. Am zweiten Tag wird die Insel **Desroches** > S. 139 in den Amiranten besucht, ein Paradies für Angler und Taucher. Tags darauf erreicht das Schiff die Alphonse-Gruppe mit der nahezu dreieckigen Hauptinsel **Alphonse** > S. 140 mit ihrer großen Lagune (Tag 3) sowie den kleineren Inseln **Bijoutier** (0,7 ha), einem runden Inseljuwel, wo Fregattvögel, Schildkröten und Krabben fast völlig ungestört leben, und **St. François** (17 ha), einer V-förmigen, relativ jungen Riffinsel (Tag 4).

Nach langer Fahrt über das offene Meer in Richtung Südsüdwest ist das Ziel am fünften Tag **Cosmolédo,** ein Atoll aus neun Hauptinseln, die einen Ring um eine 16 km lange und bis zu 11 km breite Lagune bilden. Eine der Inseln ist **Menai,** wo das Schiff nachts vor Anker geht. Am siebten Tag erreicht das Schiff **Aldabra** > S. 148, wo man auch die beiden folgenden Tage verbringt. Am zehnten Tag werden die Passagiere nachts nach **Assumption** gebracht und am elften Tag nach **Astove.** Nach einem zwölften Tag auf See erreicht das Schiff am dreizehnten Tag wieder die **Alphonse-Gruppe** und am vierzehnten Tag die **Amiranten,** um am Nachmittag des fünfzehnten Tages wieder in **Mahé** anzulegen.

An diesem Ablauf kann man sich auch bei einer privat organisierten Charter-Kreuzfahrt orientieren, die ohne die vielen Tauchgänge etwa zwei Wochen dauert. Bitte beachten Sie dazu die Hinweise > S. 27.

ALDABRA – HEIMAT DER RIESENLANDSCHILDKRÖTE

Das 34 km lange und 15 km breite **Aldabra-Atoll** 12 besteht aus vier Inseln, die eine große Lagune umschließen. Auf dem nackten Kalkfelsen des Atolls konnte Vegetation nur spärlich Fuß fassen. Das entlegene und unwirtliche Stück Land bot Siedlern wenig Reiz, weshalb sich auch kaum jemand hierher verirrte.

So blieb nicht nur ein einmaliges, weitgehend intaktes Biotop erhalten, sondern auch die weltgrößte Kolonie wild lebender Riesenlandschildkröten: Man schätzt ihre Zahl auf 150 000. Wegen der dürftigen Vegetation führen sie ein zwar kümmerliches, dafür aber unbehelligtes Leben. Ihre Verwandten zu Wasser, die Karett- und Suppenschildkröten, besuchen die ruhigen Strände zur Eiablage. Reich ist die Vogelwelt des Atolls: Zahllose Fregattvögel und Tölpel schätzen die Insel als Nistplatz, ebenso wie Reiher, Flamingos, Ibisse, Seeschwalben sowie die nur hier vorkommenden Weißkehlrallen und Aldabradrongos.

Im Jahre 1971 erklärte die britische Royal Society Aldabra zum Naturschutzgebiet und errichtete eine Forschungsstation, die 1981 die Seychelles Islands Foundation (SIF, www.sif.sc) übernahm. 1982 nahm die UNESCO Aldabra in die Liste des Weltnaturerbes auf. Es war geplant, Aldabra auch Touristen leichter zugänglich zu machen. Auf der 45 km entfernten Insel Assumption wurde eine Landepiste angelegt, aber weiter ist das Vorhaben nie gediehen, sodass die Insel auch heute nur mit dem Schiff zu erreichen ist.

Riesenlandschildkröten – noch ganz winzig

INFOS VON A–Z

APOTHEKEN

Es gibt eine Reihe von Apotheken auf Mahé (die meisten in und um Victoria) und Eden Island. Sie sind in der Regel Mo–Fr 8–16, Sa 8–13 Uhr geöffnet, z. B.

- **Behram's Pharmacy,** Palm Street (Orion Mall), Tel. 4225559
- **Central Point Pharmacy,** Francis Rachel Street, Tel. 4225574
- **Lai Lam Pharmacy,** Market Street (südlich des Marktes), Tel. 4322336

Medikamente erhält man darüberhinaus bei der Medikamentenausgabe im Victoria Hospital (Tel. 4388000, geöffnet tgl. 8–23 Uhr, Mont Fleuri Road).

Auf Praslin gibt es eine Apotheke in Baie Ste. Anne, eine weitere am Flughafen. Auf La Digue gibt es bislang keine Apotheken, Medikamente sind dort in der Klinik erhältlich.

ÄRZTLICHE VERSORGUNG

In den großen Hotels macht normalerweise eine Krankenschwester Dienst. Privatärzte haben sich hauptsächlich in Victoria niedergelassen (Adressen unter www.yellowpages.sc). Die Konsultation in einer Klinik kostet in der Regel weniger als 10 €, der »Hausbesuch« eines Arztes im Hotel etwa 20–25 €.

Das komplett ausgestattete **Zentralkrankenhaus,** einschließlich Zahn- und Augenklinik, befindet sich auf Mahé in Victoria (Mont Fleuri Road, bei den National Botanical Gardens). Ein kleineres Krankenhaus befindet sich in Anse Royale, in den größeren Ortschaften Mahés gibt es Krankenstationen. Praslin hat zwei Kliniken (in Baie Ste. Anne und Grand' Anse), La Digue eine.

- Seychelles Hospital: Tel. 4388000
- Anse Royale Hospital: Tel. 4371222
- Baie Sainte Anne Hospital: Tel. 4232333
- La Digue Logan Hospital: Tel. 4234255

BARRIEREFREIES REISEN

Aufgrund der Topographie der Seychellen wird es für Menschen mit Bewegungseinschränkungen auf den Seychellen immer Hindernisse geben, die sich nicht beseitigen lassen. Dennoch bemühen sich viele Hotels, vor allem die größeren, eine Barrierefreiheit nach internationalem Standard auf ihrem Gelände zu gewährleisten und man findet leicht Menschen, die helfen, Hindernisse zu bewältigen.
Schreibtelefone und durchgehende Beschilderungen in Blindenschrift wird man allerdings kaum finden. Im Zweifel hilft nur, sich vor Ort zu erkundigen.

DEVISENBESTIMMUNGEN

In- und ausländische Devisen dürfen uneingeschränkt ein- und ausgeführt werden. Devisen dürfen nur bei amtlich genehmigten Stellen (Banken, Hotels usw.) umgetauscht werden. Schwarztausch ist riskant und wird bestraft.

DIPLOMATISCHE VERTRETUNGEN

Auf den Seychellen sind Deutschland, Österreich und die Schweiz durch Honorarkonsulate vertreten.

Alle EU-Bürger können sich darüberhinaus in diplomatischen Angelegenheiten an die Botschaft Frankreichs wenden. Schweizer Bürger werden in solchen Fällen über das Konsulat an die zuständige Botschaft in Antananarivo/Madagaskar weitervermittelt. In Nairobi/Kenia haben die deutsche und österreichische Botschaft ihren Sitz, zu deren Amtsbezirk die Seychellen gehören. Die Kontaktdaten der Honorarkonsulate sind:

- **Deutsches Honorarkonsulat:**
  P. O. Box 1310
  Centre for Environment and Education
  Roche Caiman
  Victoria | Mahé

Tel. 4601100
germanconsul@natureseychelles.org
- **Honorarkonsulat der Schweiz:**
P. O. Box 935 | MG Building
Providence Estate | Victoria | Mahé
Tel. 4374278
swissconsul@seychelles.sc
- **Ambassade de France:**
P. O. Box 478 | La Ciotat
Mont Fleuri | Mahé
Tel. 4225513 | www.ambafrance-sc.org

EIN- UND AUSREISE

Für die Einreise auf die Seychellen ist kein Visum erforderlich. Ein mindestens bis zum Wiedereinreisetag ins Heimatland gültiger Reisepass, Rück- oder Weiterreiseticket und ein Unterkunftsnachweis genügen.

Für Aufenthalte von mehr als 3 Monaten braucht man eine Genehmigung, die bei der Einwanderungsbehörde beantragt werden muss.

- **Department of Immigration and Civil Status**
Independence House (Ecke Independence/5th June Avenues)
P.O. Box 340 | Victoria | Mahé
Tel. 4293600 | info@immigration.gov.sc

Bei der Passkontrolle ist ein ausgefülltes und unterschriebenes Ein-/Ausreiseformular vorzulegen, das im Flugzeug verteilt wird. Ist dies nicht der Fall, finden Sie diese Formulare an den Ständen vor der Passkontrolle.

Das Tourist Information Office hat in der Ankunftshalle des Flughafens eine Vertretung, um notfalls bei der Unterkunftssuche behilflich zu sein. Darauf sollte man sich aber nicht verlassen, denn man hat nicht die gleiche Auswahl wie zu Hause. Bankschalter zum Geldwechseln befinden sich außen vor dem Flughafengebäude. Gegenüber sind die Schalter einiger Autovermietungen, daneben befindet sich der Taxistand.

ELEKTRIZITÄT

Die Netzspannung auf den Inseln beträgt 240 Volt (Wechselstrom). Die Stecker entsprechen der britischen Norm (drei rechteckige Stifte). Adapter sind zwar in den meisten Hotels erhältlich, aber sicherheitshalber sollte man sie gleich mitbringen.

FEIERTAGE

1. und 2. Jan. (New Year, Neujahr), Karfreitag (Good Friday), Ostersonntag und -montag (Easter), 1. Mai (Labour Day, Tag der Arbeit), Fronleichnam (Corpus Christi), 18. Juni (National Day, Nationalfeiertag), 29. Juni (Independence Day, Unabhängigkeitstag), 15. Aug. (Assumption Day, Mariä Himmelfahrt), 1. Nov. (All Saints' Day, Allerheiligen), 8. Dez. (Immaculate Conception, Mariä Empfängnis), 25. Dez. (Christmas Day, 1. Weihnachtsfeiertag).

FOTOGRAFIEREN

Auf den Seychellen verkaufen mehrere Fachgeschäfte in Victoria sowie einige Hotelboutiquen Zubehör für Digitalkameras und drucken Fotos aus, doch ist dies teurer als in Mitteleuropa. Gleiches gilt für Batterien, Speichermedien, Film- und Videomaterial. Empfehlenswert ist eine gute Kameratasche zum Schutz vor Sonne, Sand und Wasser.

GELD UND WÄHRUNG

Die Landeswährung ist die Seychellen-Rupie (kurz SR oder SCR), unterteilt in 100 Cents. 1 € entspricht ca. 15 SCR, 1 CHF entspricht 13 SCR.

Neben der Seychellen-Rupie werden auch Devisenwährungen wie Euro, Britische Pfund oder US-Dollar fast überall angenommen. Größere Hotels, Restaurants und Autovermietungen akzeptieren auch Kreditkarten (MasterCard, Visa, American Express).

Banken gibt es auf Mahé in Victoria, Beau Vallon, Anse Royale und am Flughafen, auf Praslin in Baie Ste. Anne und Grand' Anse, auf La Digue an der Uferpromenade. Geöffnet haben die Banken meist Mo–Fr 8.30–14.30 Uhr, Sa 8.30 bis 11.30 Uhr. Am Flughafen sind die Schalter zusätzlich bei Ankunft und Abflug der internationalen Maschinen geöffnet.

GESUNDHEITSVORSORGE

Die Seychellen sind frei von Tropenkrankheiten. Deshalb sind keine speziellen Impfungen notwendig, es sei denn, man reist aus einem Infektionsgebiet ein.

Mit Mücken (auch im Sand) muss man immer rechnen, v. a. am Abend und an den windabgewandten Seiten einer Insel. Die meisten Hotels haben Klimaanlagen und/oder Ventilatoren in den Zimmern, Moskitonetze oder manchmal nur Räucherspiralen *(coils)*. Schutzmittel zum Auftragen sind auf den Seychellen teurer als in Europa. Mitnehmen sollte man ein spezielles Gel, das nach Stichen z. B. von Sandfliegen vor Entzündungen und Juckreiz schützt. Nachtaktive Hundertfüßler kommen an manchen Stränden vor. Ihr Biss ist schmerzhaft und sollte vom Arzt mit Antibiotika behandelt werden.

Quallen treiben zwar selten in den Gewässern um die Seychellen, bei Kontakt verursachen aber einige Arten schmerzhafte Hautreizungen, die man durch Abreiben mit Alkohol oder trockenem Sand lindern kann. Verletzungen – auch geringe Abschürfungen – an Korallen sollte man gleich mit Trinkwasser auswaschen und mit Alkohol desinfizieren, sonst heilen sie schlecht. Gegebenenfalls behandelt man die Wunde mit Heilsalbe, in schlimmen Fällen ist der Arzt aufzusuchen. Die bessere Variante: Fassen Sie unter Wasser nichts an, vor allem nichts, was Sie nicht kennen (Fische, Muscheln und Korallen können stechen), und tragen Sie im Meer Flossen oder Badeschuhe.

Nehmen Sie v. a. während der ersten Tage kein Sonnenbad. Schützen Sie sich bei Ausflügen mit T-Shirt, Hut und Cremes mit hohem Lichtschutzfaktor. Ein Tropen-Sonnenbrand bringt nicht nur Haut-, sondern oft auch Kreislaufprobleme mit sich. Letztere können auch durch Salzverlust auftreten; bei sehr starkem Schwitzen helfen Salztabletten.

Das Leitungswasser hat zwar Trinkwasserqualität, und der hygienische Standard ist auf den Seychellen hoch, doch kann man Magen-/Darminfekte nie völlig ausschließen. Medikamente für diese Fälle sollten Sie besser mitbringen, da deren Kauf auf einigen Inseln schwierig sein kann. Es empfiehlt sich, auch für Beschwerden wie Schmerzen, Erkältung, Fieber, Sonnenbrand usw. entsprechende Arzneimittel einzupacken.

URLAUBSKASSE

• Tasse Kaffee	1,50–4 €
• Softdrink (Flasche)	1–4 €
• Bier (Flasche)	2–5 €
• Sandwich	1–14 €
• Kugel Eis	1–4 €
• Taxifahrt (pro Kilometer)	1,80 €
• Mietwagen/Tag	40–80 €

HAUSTIERE

Die Mitnahme von Haustieren auf die Seychellen ist bei Aufenthalten von weniger als 6 Monaten untersagt. Darüber hinaus benötigen Hunde und Katzen die Genehmigung des Veterinäramtes, inklusive Impfungen und Quarantäne. Vögel dürfen generell nicht eingeführt werden.

INFORMATION

- **Seychelles Tourism Board,**
  Berner Str. 50, 60437 Frankfurt/Main,
  Tel. 069 29720789
  www.seychelles.travel/de,
  info@seychelles-service-center.de,
  Mo–Fr 9–13 und 14–17 Uhr

Vor Ort helfen die Tourist Information Offices des **Seychelles Tourism Board (STB)** weiter:

- Tourist Information Office
  Independence House
  Victoria | Mahé
  Tel. 4610800
  www.seychelles.travel
  info@seychelles.net, Mo–Fr 8–16.30, Sa 9–12 Uhr, So/Fei geschl.
- Weitere STB-Infobüros befinden sich im Seychelles International Airport › **S. 26** auf Mahé, im Îles des Palmes Airport › **S. 107** auf Praslin sowie in La Passe › **S. 123** auf La Digue.

KLEIDUNG

Ideal für die Tropen ist leichte Kleidung aus atmungsaktiven Fasern wie Baumwolle oder Seide. Auch abends kann man sich in allen Hotels leger kleiden, doch werden bei Männern lange Hosen erwartet. Anzug und Krawatte können Sie zu Hause lassen – es sei denn, Sie wollen eine Hochzeit feiern › **S. 82**.

Warme Pullover braucht man nicht. Eine leichte Strickjacke oder ein Sweatshirt reichen aus, denn auch abends bleibt es fast immer warm. In Badebekleidung sollte man nur am Strand oder auf dem Hotelgelände auftreten. Ein Taschenschirm ist nützlich gegen einen Tropenschauer, ein leichter wasserdichter Anorak auch gegen Spritzwasser bei Bootsfahrten. Vergessen Sie Ihre Badeschuhe (möglichst geschlossen) nicht als Schutz gegen scharfkantiges Korallengestein, Seeigel usw.

KRANKENVERSICHERUNG

Im Krankheits- bzw. medizinischen Notfall auf den Seychellen werden Kosten für Behandlungen, Krankentransport oder Krankenhausaufenthalt von den gesetzlichen Krankenkassen nicht übernommen. Der Abschluss einer privaten Reisekrankenversicherung, die einen Rücktransport bei medizinischer Notwendigkeit einschließt, ist deshalb unbedingt empfehlenswert.

Privat Versicherte sollten sich vor Reiseantritt erkundigen, ob ihre Krankenversicherung eventuell Kosten übernimmt.

MASSEINHEITEN

Es gilt das metrische System.

NOTRUF

Zentrale Notrufnummer für ärztliche Hilfe (Ambulanz), Feuerwehr und Polizei: **Tel. 999.**

ÖFFNUNGSZEITEN

Geschäfte sind Mo–Fr 8–16 Uhr und Sa 8–12 Uhr geöffnet, manche machen von 12–13 Uhr Mittagspause. Kleine Läden außerhalb Victorias haben häufig bis spätabends offen, mitunter auch Sa und So. Das gilt auch für Läden in Hotels oder in Hotelnähe.

Banken haben Mo–Fr 8.30–14.30 Uhr und Sa 8.30–11.30 Uhr Schalterstunden.

POST

- **Hauptpostamt**
  Independence Avenue/Albert Street
  (Nähe Clock Tower)
  Victoria | Mahé
  Mo–Fr 8–16 und Sa 8–12 Uhr

Hier gibt es auch einen Sonderschalter für Philatelisten.

Ein weiteres Postamt gibt es im Süden von Mahé in Anse Royale.

Auf Praslin gibt es Postämter in Baie Sainte Anne und Grand' Anse, geöffnet Mo–Fr 8–16, Sa 8–12 Uhr, ein weiteres auf La Digue.

Briefkästen findet man selbst in kleineren Ortschaften (meist an den Polizeistationen). Natürlich kann man seine Post auch im Hotel abgeben.

Luftpostbriefe bzw. -karten nach Europa sind etwa fünf Tage unterwegs, das Porto beträgt ca. 0,55 € (bis 20 g).

RUNDFUNK UND FERNSEHEN

Nachrichten sendet **Radyo Sesel** auf der Frequenz 1368 kHz tgl. um 18 Uhr auf Englisch sowie um 17 Uhr auf Französisch, Kurznachrichten auf Englisch um 7 Uhr, auf Französisch um 7.30 Uhr. Die staatliche Fernsehgesellschaft **SBC** sendet tgl. um 19 Uhr Kurznachrichten auf Englisch, auf Französisch um 18 Uhr auf SBC 1.

SICHERHEIT

Auch auf den Seychellen werden die Langfinger immer zahlreicher. Diebstähle finden nicht zuletzt an vermeintlich einsamen Stränden statt. Lassen Sie daher grundsätzlich keine Sachen unbeaufsichtigt liegen – auch nicht im Auto! Im Hotel (v. a. auf den großen Inseln) sollten Sie Zimmer- oder Hotelsafes nutzen und bei Abwesenheit Zimmer- und Balkontüren stets abschließen, auch wenn Strand- und Nachtwächter eingesetzt werden.

SOUVENIRS

Beliebte Souvenirs sind Tee und Gewürze sowie exotische Parfüms aus tropischen Pflanzen, Blüten und Wurzeln z. B. von Kreolfleurage > **S. 89** auf Mahé.

Groß ist die Auswahl an Vasen, Figuren und anderen Gegenständen aus Keramik in verschiedenen Töpfereien. Schöne Briefmarken mit Tier- und Pflanzenmotiven bekommt man beim Philatelistenschalter der Hauptpost > **S. 152**.

Eine Seychellennuss ist sicher das originellste Andenken, kostet aber umgerechnet mindestens 150 €. Beim Kauf muss der Händler Ihnen eine Ausfuhrgenehmigung mitgeben > **S. 154**. Nicht zuletzt seiner exotischen, einer Seychellennuss nachgeformten Flasche wegen ist »Coco d'Amour« beliebt, ein cremiger Kokosnusslikör, der u. a. aus dem Inneren der Seychellennuss gewonnen wird. Ansprechend, aber ebenfalls nicht billig, sind die in Handarbeit gefertigten Bootsmodelle > **S. 98**.

Bitte nicht mitnehmen

Verlockend ist die große Auswahl an Muschel- und Schneckengehäusen. Aber sie werden – mit den lebenden Tieren darin – aus dem Meer geholt und an Land getrocknet, um der Nachfrage nachzukommen. Gemäß den Bestimmungen des Washingtoner Artenschutzabkommens ist jeglicher Handel mit bedrohten Tierarten oder Teilen davon strengstens untersagt, ebenso deren Einfuhr in die EU oder die Schweiz – nehmen Sie daher von solchen Souvenirs Abstand. Gute Informationen dazu findet man bei www.artenschutz-online.de.

TELEFON UND INTERNET

In den größeren Hotels kann man vom Zimmer aus direkt ins Heimatland telefonieren. Billiger telefoniert man mit Telefonkarten, die man von jedem Telefon aus nutzen kann, z. B. mit der Aldabra-Karte von C&W (beispielsweise ca. 0,20 €/Min. nach Deutschland).

Gespräche mit dem eigenen Mobiltelefon sind für die meisten Kunden europäischer Telefonanbieter möglich. Ob vor Ort Roaming möglich ist, sollte man vorab bei seinem Provider erfragen, nach dessen Tarifen sich auch die Kosten richten. Billiger wird es mit einer Prepaid-

Karte für die Seychellennetze (ca. 0,60 €/ Min. nach Deutschland). Sie decken die meisten der Inneren Inseln ab. Da bei einem Austausch der SIM-Karte auch die Telefonnummer wechselt, empfiehlt es sich, ein Telefon zu benutzen, das zwei SIM-Karten akzeptiert.

Alle Telefonnummern auf den Seychellen sind 7-stellig (Festnetznummern – beginnend mit 2, 3 oder 6 – ist eine 4 vorangestellt, Mobilnetznummern – beginnend mit 5 oder 7 – ist eine 2 vorangestellt).

Auslandsvorwahlen:

(Die erste Null der folgenden Ortsnetzkennzahl entfällt jeweils)

- nach Deutschland 00 49
- nach Österreich 00 43
- in die Schweiz 00 41
- für die Seychellen 00 248

Internetcafés gibt es immer häufiger, und etliche Hotels bieten Zugang zum Internet, oft drahtlos (WiFi, WLAN) und mitunter auch kostenlos für die Gäste. Über WLAN und mit einer entsprechenden App kann man dann auch völlig kostenlos ins Ausland telefonieren.

TRINKGELD

Trinkgelder werden nicht unbedingt erwartet, aber ähnlich wie zu Hause ist bei gutem Service ein Trinkgeld angebracht, sei es für das Zimmermädchen, den Hotelpagen oder die Bedienung – auch wenn in Restaurants das Bedienungsgeld (5–10 %) bereits eingeschlossen ist.

ZEIT

Die Seychellen sind der Mitteleuropäischen Zeit um drei Stunden, der Mitteleuropäischen Sommerzeit folglich um zwei Stunden voraus.

ZEITUNGEN

Die wichtigste Tageszeitung ist das Regierungsblatt »Seychelles Nation« (www.nation.sc). Sie publiziert nicht nur internationale Nachrichten, sondern auch Informationen über Wechselkurse, Gezeitenstand usw. Es gibt auch eine Reihe von Wochenzeitungen, die eher oppositionell ausgerichtet sind. Die drei Landessprachen werden darin bunt vermischt.

Die wenigen ausländischen Tageszeitungen, die man in einigen Buchläden sowie in Hotelboutiquen erhält, sind selten tagesaktuell. Es empfiehlt sich, für die Urlaubszeit auf die E-Paper-Ausgabe der Heimatzeitung umzustellen.

ZOLLBESTIMMUNGEN

Zollfrei eingeführt werden dürfen von Erwachsenen Gegenstände des persönlichen Gebrauchs sowie je 2 l Wein und Spirituosen, 200 Zigaretten oder 250 g Tabak und 200 ml Parfüm, zudem zollpflichtige Artikel bis zu einem Wert von 5000 SCR/Person.

Verboten ist die Einfuhr von Harpunen, von jeglichem pornografischen Material, von Militäruniformen, Pflanzen, Samen, Früchten, Gemüse sowie Tee oder tierischen Produkten. Wertvolle elektronische Geräte sowie alle Gegenstände, die auf den Seychellen beruflich oder geschäftlich genutzt werden, sind bei der Einreise zu deklarieren.

Bei der Rückreise ins Heimatland sind pro Person über 16 Jahre die folgenden Mengen zoll- und steuerfrei einführbar: 200 Zigaretten oder 50 Zigarren (EU) bzw. 250 Zigaretten oder Zigarren (CH) oder 250 g Tabak, 4 l Wein sowie 2 l Alkoholika unter 22 Vol.-% oder 1 l Spirituosen über 22 Vol.-% (EU) bzw. 5 l alkoholische Getränke unter 18 Vol.-% und 1 l Spirituosen über 18 Vol.-% (CH) sowie Souvenirs bis zu einem Gesamtwert von maximal 430 € (EU) bzw. 300 CHF (CH).

Für die Ausfuhr einer Seychellennuss ist die schriftliche Genehmigung eines autorisierten Händlers nötig. Achten Sie darauf, dass man Ihnen diese beim Kauf aushändigt.

REGISTER

Adams, Michael 59, 60, **94**
Adelaide, Donald 59, **95**
Aldabra 22, 24, 147, **148**
Alphonse , 24, **140**
Amiranten 24
Anonyme 97
Anse Intendance 96
Architektur 58
Aride 15, **116**
Assumption 24, **147**
Astove 24, **147**

Baie Ternay Marine National Park 92
Bazar Labrin 14
Bijoutier 147
Bird 12, **137**
Bowers, Tom 17, 59, **93**

Camille, George 12, **59**, 78
Cerf 89
Chauve Souris 108
Coco de Mer > Seychellennusspalme
Coëtivy 24
Cosmolédo 24, **147**
Cousin **115**
Cousine 116
Curieuse 16, **110**
• Anse Saint José 110
• Baie Laraie 16, **110**
Curieuse Marine National Park 35, **110**

Denis 12, **138**
Desroches , 35, **139**
Devoud, Gerard 59, **95**, 97
Diplomatische Vertretungen 149

Eden Island **90**

Fähren 26, 81
Fahrradfahren 30, **40**
Farquhar 24
Fauna **49**, 53, 117, 134, 140
Faure, Danny 47, 49
Feiertage 150
Félicité 127
Filippin, Antonio 59, **95**
Flora **53**, 117
Frégate 133
• Anse Bambous 133
• Anse Parc 133
• Anse Victorin 33, **133**

Gewürze 17, **54**, 65, 98, 124
Golf **41**, 97, 118
Grimshaw, Brendon 88

Houdoul, Jean François 131

Inner Islands 22, **130**

Kajak 37
Kokospalme 16, 23, **55**, 125
Kreolisch 11
Kreolische Küche 63, **64**
Kunst 12, **59**

La Digue 13, 42, 63, **119**, 144
• Anse Cocos 127
• Anse Marron 121
• Anse Patates 126
• Anse Sévère 126
• Anse Source d'Argent 33, 35, **126**
• Belle Vue 121
• Grand' Anse 126
• La Passe 123
• La Réunion 123
• L'Union Estate **124**
• Nid d'Aigle 121
• Our Lady of Assumption, Kirche 124
• Petite Anse 127
• Vev Special Reserve 124
Levasseur, Olivier 87

Mahé , 12, 13, **68**, 142, 145
• Anse à la Mouche 33, 93
• Anse aux Pins 97
• Anse Boileau 93
• Anse Étoile 88
• Anse Louis 93
• Anse Major 86
• Anse Marie-Louise 72
• Anse Nord d'Est 88
• Anse Royale 33, **98**
• Anse Soleil 33, 42, **94**
• Anse Takamaka 63, **96**
• Baie Lazare 95
• Baie Ternay 35, **92**
• Basar Labrin 12, 13, 14, **85**
• Beau Vallon Bay 12, 15, 18, 42, 63, **85**
• Bel Eau 91
• Bel Ombre 86
• Carana Beach 88
• Cascade 97
• Copolia **75**, 76, 91
• Danzilles 86
• Domaine de Val des Près 98
• Glacis 88
• Grand' Anse 92
• Jardin du Roi 17, 54, **98**
• La Plaine Saint André 17, **98**
• Les Mamelles 97
• Maison de Coco 16, **98**
• Mission Lodge **91**
• Montagne Brûlée **76**, 91
• Mont Fleuri Road 97

- Morne Blanc 91
- Morne Seychellois **40**, 145
- Morne Seychellois Nationalpark **74**, 75
- Petite Anse 33
- Port Glaud 91
- Port Launay 92
- Sans Souci Road 90
- Seychelles International Airport 97
- Tea Factory 18, **91**
- Trois Frères **74**, 91
- Val Riche 75
- Victoria 77

Mancham, James Richard 46
Marday, Egbert 59
Meeresschildkröten 12, **135**, 139, 140
Menai 147
Michel, James Alix 47
Mietwagen 29
Monsun 24
Moyenne 88
Musik 17, **59**

North **134**
Notruf 152
Nourrice, Colbert 59, **98**

Outer Islands 23, 139, **146**

Petite Anse **94**
Picault, Lazare 48, **95**
Plate 24
Poivre, Pierre 54
Praslin 14, **100**, 143, 146
- Anse Bateau 114
- Anse Bois de Rose 114
- Anse Consolation 102, **114**
- Anse Georgette 33, **118**
- Anse Kerlan 118
- Anse La Farine 35, **111**
- Anse Lazio 33, **108**
- Anse Marie-Louise 113
- Anse Petite Cour 106
- Anse Possession , 106
- Anse Volbert 15, **108**
- Baie Sainte Anne 110
- Black Pearl Ocean Farm 115
- Côte d'Or 15, 42, **108**
- Fond Ferdinand Nature Reserve **113**
- Grand' Anse 114
- Île des Palmes Airport 114
- Pasquiere Track **103**, 114
- Petite Anse Kerlan 118
- Pointe Sainte Marie 118
- Salazie Track **103**, 114
- Vallée de Mai 15, 22, 106, **113**

Reiten 40
René, France Albert 46
Round Island 111

Sainte Anne Marine National Park 14, 35, **89**
Saint François 147
Saint Pierre 12, **108**, 147
Schildkröten 12, 16, 49, 110, 116, 125, 133, 135, 137, **148**
Schnorcheln 12, **33**, 35
Schwimmen **30**
Segeln 36, **38**
Seychellennusspalme 15, 17, 22, 53, 110, **112**, 113
Silhouette 11, **130**
- Anse Mondon 33, **131**
- Grand' Barbe 131
- La Passe 131
- Mont Dauban 132
- Mont Pot à Eau 132
- Pflanzerhaus 16

Sprache **57**
Stehpaddeln 37

Tanz 59
Tauchen 13, **34**, 35, 140
Theater 59

Victoria **77**
- Arul Mihu Navasakthi Vinayagar Temple 15, **79**
- Bel Air Cemetery 80
- Bicentennial Monument 80
- Cathedral of Our Lady of Immaculate Conception 78
- Clock Tower 11, 17, **80**
- Hospital 81, **149**
- Kenwyn House 16
- National Botanical Gardens 12, 15, **81**
- National Museum of History 81
- Natural History Museum 80
- Sir Selwyn Selwyn Clarke Market 13, 14, **78**
- State House 81

Wandern **40**, 74, 75, 76, 99, 103, 106, 107, 121, 131, 145
Wassersport **40**, 85
Windsurfen 36

BILDNACHWEIS

Coverfoto: Schildkröte, La Digue, Seychellen © plainpicture/Sander, Jasmin
Fotos Umschlagrückseite: links © stock.adobe.com/kubais; Mitte © plainpicture/Mato/Manzotti, Roberto; rechts © Shutterstock/Bakusova

Alamy/imagebroker: 99; AWL Images/Arnold, Jon: 23; dpa Picture-Alliance/Bernhart, Udo: 58, 109; dpa Picture-Alliance/DPPI: 61; dpa Picture-Alliance/Haltner, Thomas: 128; Fotolia/Anobis: 86; Fotolia/Kissling, Hennie: 52, 92; Fotolia/Köster, David: 96; Fotolia/taucherfreund: 34; Getty Images/Arnold, Jon: 57; Getty Images/Comi, Andrea: 62; Getty Images/Davilla, Luis: 138; Getty Images/fotoVoyager: 100; Getty Images/Monneret, Laurence: 136; Glow-images/Imagebroker: 77; Hotel Four Seasons: 43; Huber Images/ Ripani, Massimo: 103; Huber Images/Huber, Johanna: 125; Huber Images/Rinaldi, R.: 147; Huber Images/Schmid, Reinhard: 6/7, 20, 27, 44, 66, 68; imago/Tack, Jochen: 41; imago/Westend61: 47; Jahreszeitenverlag/Scatà, Stefano: 65; Kinne, Thomas J.: 8; laif/eyedea/Martin, Gilles: 148; laif/hemis/Brusini, Aurélien: 16, 94; laif/Huber, Gernot: 13; LOOK-foto/Greune, Jan: 55, 143; Mauritius Images/Alamy/Bartov, Eyal: 141; Mauritius Images/ClickAlps: 64; Mauritius Images/ib/Moxter, Martin: 84; plainpicture/Look/Dressler, Hauke: 10; plainpicture/Mato/Manzotti, Roberto: 37; plainpicture/robertharding/Pitamitz, Sergio: 117; plainpicture/Sander, Jasmin: 135; Shutterstock/18042011: 69; Shutterstock/Larina, Vera: 132; Shutterstock/Authentic travel: 28; Shutterstock/Bakusova: 144; Shutterstock/dvoevnore: 80; Shutterstock/Ernst, Rudi: 112; Shutterstock/Emprize: 14; Shutterstock/HERREPIXX: 38; Shutterstock/LRPhotographies: 90; Shutterstock/Lucky-photographer: 15; Shutterstock/Popova, Tatiana: 101, 111; Shutterstock/Seifert, Karin: 18; Shutterstock/Tongsriniam, Ukrit: 49; Shutterstock/Znamenskly, Oleg: 9, 31; stock.adobe.com/Arnaud: 51; stock.adobe.com/frolova, elena: 83; stock.adobe.com/jovannig: 127; stock.adobe.com/kubais: 119; stock.adobe.com/Rueß, Dominik: 19; stock.adobe.com/Shandarov, Arkadii: 153; stock.adobe.com/Unclesam: 82.

Liebe Leserin, lieber Leser,
wir freuen uns, dass Sie sich für diesen POLYGLOTT on tour entschieden haben.
Unsere Autorinnen und Autoren sind für Sie unterwegs und recherchieren sehr gründlich, damit Sie mit aktuellen und zuverlässigen Informationen auf Reisen gehen können.
Dennoch lassen sich Fehler nie ganz ausschließen. Wir bitten Sie um Verständnis, dass der Verlag dafür keine Haftung übernehmen kann.

Ihre Meinung ist uns wichtig. Bitte schreiben Sie uns:
GRÄFE UND UNZER VERLAG
Postfach 86 03 66, 81630 München, Tel. 0 89 / 419 819 41
www.polyglott.de

LESERSERVICE
polyglott@graefe-und-unzer.de
Tel. 0 800 / 72 37 33 33 (gebührenfrei in D, A, CH), Mo–Do 9–17 Uhr, Fr 9–16 Uhr

1. Auflage 2019

Dieses Buch wurde auf chlorfrei gebleichtem Papier gedruckt.
ISBN 978-3-8464-0460-7

Verlagsleitung: Grit Müller
Verlagsredaktion: Anne-Katrin Scheiter
Autor: Dr. Thomas J. Kinne
Redaktion: Elke Sagenschneider Texte und Projekte, München
Bildredaktion: Marie Danner
Mini-Dolmetscher: Langenscheidt
Umschlaggestaltung & Layout:
Independent Medien Design, München
Horst Moser (Artdirection), Lucie Heselich
Karten und Pläne: Theiss Heidolph und Kunth Verlag GmbH & Co. KG
Satz: uteweber-grafikdesign
Herstellung: Anna Bäumner, Gloria Schlayer
Druck und Bindung:
Printer Trento, Italien

PEFC™
PEFC/18-31-506

GRÄFE UND UNZER

Ein Unternehmen der
GANSKE VERLAGSGRUPPE

MINI-DOLMETSCHER ENGLISCH

ALLGEMEINES

Guten Morgen.	Good morning. [gud **moh**ning]
Guten Tag. (nachmittags)	Good afternoon. [gud after**nuhn**]
Hallo!	Hello! [häl**loh**]
Wie geht's?	How are you? [hau **ah**‿ju]
Danke, gut.	Fine, thank you. [**fain, θänk**‿ju]
Ich heiße ...	My name is ... [mai **nehm**‿is]
Auf Wiedersehen.	Goodbye. [gud**bai**]
Morgen	morning [**moh**ning]
Nachmittag	afternoon [after**nuhn**]
Abend	evening [**ihw**ning]
Nacht	night [nait]
morgen	tomorrow [tu**morr**oh]
heute	today [tu**deh**]
gestern	yesterday [**jes**terdeh]
Sprechen Sie Deutsch?	Do you speak German? [du‿ju spihk **dsehöh**mən]
Wie bitte?	Pardon? [**pah**dn]
Ich verstehe nicht.	I don't understand. [ai **dohnt** ander**ständ**]
Würden Sie das bitte wiederholen?	Would you repeat that please? [wud‿ju ri**piht** ðät, **plihs**]
bitte	please [**plihs**]
danke	thank you [**θänk**‿ju]
was / wer / welcher	what / who / which [wott / huh / witsch]
wo / wohin	where [wäə]
wie / wie viel	how / how much [hau / hau **matsch**]
wann / wie lange	when / how long [wänn / hau **long**]
warum	why [wai]
Wie heißt das?	What is this called? [**wott**‿**is** ðis **kohld**]
Wo ist ...?	Where is ...? [**wäər**‿is ...]
Können Sie mir helfen?	Can you help me? [kän‿ju **hälp**‿mi]
ja	yes [jäss]
nein	no [noh]
Entschuldigen Sie.	Excuse me. [iks**kjuhs** miðə
rechts	on the right [on ðə reit]
links	on the left [on ðə left]
Gibt es hier eine Touristeninformation?	Is there a tourist information? [is‿ðər‿ə **tuə**rist infəmehschn]
Haben Sie einen Stadtplan?	Do you have a city map? [du‿ju häw‿ə ßiti mäpp

SHOPPING

Wo gibt es ...?	Where can I find ...? [**wäə** kən‿ai **faind** ...]
Wie viel kostet das?	How much is this? [**hau**‿matsch **is**‿ðis]
Das ist zu teuer.	This is too expensive. [ðis‿is **tuh** iks**pänn**ßiw]
Das gefällt mir (nicht).	I like it. / I don't like it. [ai **laik**‿it / ai **dohnt laik**‿it]
Wo ist eine Bank / ein Geldautomat?	Where is a bank / a cash dispenser? [**wäər**‿is ə‿**bänk** / ‿ə **käsch** dispännser]
Geben Sie mir 100 g Käse / zwei Kilo ...	Could I have a hundred grams of cheese / two kilograms of ... [kud‿ai häw‿ə **hann**drəd grämms‿əw **tschihs** / **tuh kill**əgrämms‿əw ...]
Haben Sie deutsche Zeitungen?	Do you have German newspapers? [du‿ju häw **dsehöh**mən **njuhs**pehpers]

ESSEN UND TRINKEN

Die Speisekarte, bitte.	The menu please. [ðə **männ**ju plihs]
Brot	bread [bräd]
Kaffee	coffee [**koff**i]
Tee	tea [tih]
mit Milch / Zucker	with milk / sugar [wið‿**milk** / **schugg**er]
Orangensaft	orange juice [**orr**əndseh‿dsehuhs]
Mehr Kaffee, bitte.	Some more coffee please. [ßəm‿moh **koff**i plihs]
Suppe	soup [ßuhp]
Fisch	fish [fisch]
Fleisch	meat [miht]
Geflügel	poultry [**pohl**tri]
Beilage	sidedish [**ßaid**disch]
vegetarische Gerichte	vegetarian food [wädseh**ətä**riən fud]
Eier	eggs [ägs]
Salat	salad [**ßäl**əd]
Dessert	dessert [di**söht**]
Obst	fruit [fruht]
Eis	ice cream [ais **krihm**]
Wein	wine [wain]
weiß / rot / rosé	white / red / rosé [wait / räd / **roh**seh]
Bier	beer [**biə**]
Mineralwasser	mineral water [**minn**rəl wohter]
Ich möchte bezahlen.	I would like to pay. [ai‿wud **laik**‿tə **peh**]

MEINE ENTDECKUNGEN

Teilen Sie Ihre Entdeckungen auf facebook.com/Polyglottreisewelt.

CHECKLISTE SEYCHELLEN

Nur da gewesen oder schon entdeckt?

- [ ] **FÜTTERUNG DER URTIERE**
  Ob im Botanischen Garten von Victoria, auf Curieuse oder auf Aldabra – Schildkrötenfüttern ist ein unbedingtes Muss bei einem Seychellenurlaub. › S. 12

- [ ] **NACHHALTIGES GEWÄCHS**
  Einst von Menschen eingeführt, wächst sie heute überall auf den Seychellen: die Kokospalme. Was man aus ihr alles machen kann, zeigt die »Maison de Coco«. › S. 16

- [ ] **DIE QUAL DER WAHL**
  Die Strände der Seychellen sind ein Traum. Alle. Jeder auf seine Art. Deswegen sollten Sie mindestens drei verschiedene Strände kennenlernen. › S. 33

- [ ] **BUNTE UNTERWASSERWELT**
  Im Curieuse Marine National Park entdecken Schnorchler große Korallenbänke und die verschiedensten Fische, z. B. eine große Population Papageienfische in der Baie Laraie. › S. 35

- [ ] **VÖGELN LAUSCHEN**
  Ruß- und Noddyseeschwalben, Weißschwanz- und Rotschwanztropikvögel, Madagaskarweber und Sturmtaucher … Auf Aride gibt es sie alle, und noch einige andere mehr. › S. 15

- [ ] **RÜCKKEHR-GARANTIE**
  Sie haben noch lange nicht alles gesehen und möchten bald auf die Seychellen zurückkommen? Dann sollten Sie Brotfrucht essen! Warum? › S. 14

- [ ] **KÜNSTLER-BUCHT**
  Zwischen Baden und Schnorcheln etwas Kultur: In der Baie Lazare haben mehrere Künstler ihre Ateliers und Galerien. › S. 95

MITBRINGSEL

- **Was für den Gaumen:** Gewürze bringen eine Prise Exotik ins Essen › S. 17
- **Was für die Ohren:** Heiße Rhythmen von den Seychellen › S. 17